日本の説教者たちの言葉

平野克己［編］

# 輝く明けの明星

## 待降と降誕の説教

日本キリスト教団出版局

# 「日本の説教者たちの言葉」刊行に寄せて

コリントの信徒への手紙一第一五章二節に、使徒パウロはこんな言葉を書きました。「どんな言葉でわたしが福音を告げ知らせたか、しっかり覚えていれば、あなたがたはこの福音によって救われます。さもないと、あなたがたが信じたこと自体が、無駄になってしまうでしょう」。

とても強い確信の言葉です。説教者に与えられる確信です。説教には、自分が語る言葉を受け入れてくれさえすれば、救いが起こるのだという確信が与えられるのです。これと同じ確信があったからこそ、海外諸国の教会から宣教師たちが私どもの国にやってきてくれました。苦闘しつつ、この救いの言葉、福音の言葉を英語で、習い覚えた、慣れない日本語で告げてくれ、伝道をしてくれました。一五〇年以上も前のことです。その福音の言葉によって救われた私どもの先達は、すぐに自分たちの言葉で説教を語り始めました。日本のプロテスタント教会は、その歴史の最初から日本人説教者たちが磨かれた母国語で力ある説教をしたことに、その特色があります。感謝すべきことです。

パウロは、続けて自分たちが語るべく与えられた福音とは何であるかを見事に集約して語り出しました。

「最も大切なこととしてわたしがあなたがたに伝えたのは、わたしも受けたものです。すなわち、キリストが、聖書に書いてあるとおりわたしたちの罪のために死んだこと、葬られたこと、また、聖書に書いてあるとおり三日目に復活したこと、ケファに現れ、その後十二人に現れたことです。次いで、五百人以上もの兄弟たちに同時に現れました。そのうちの何人かは既に眠りについたにしろ、大部分は今なお生き残っています。次いで、ヤコブに現れ、その後すべての使徒に現れ、そして最後に、月足らずで生まれたようなわたしにも現れました。わたしは、神の教会を迫害したのですから、使徒たちの中でもいちばん小さな者であり、使徒と呼ばれる値打ちのない者です。神の恵みによって今日のわたしがあるのです」。

ここに説教の原型のひとつがあります。パウロは、自分が福音として説教するのは、自分自身の信仰、思想、あるいは何らかの教えの言葉だったとは語っておりません。自分も自分に伝えられた言葉を語ります。しかし、それは教会の伝統となりつつあった教えではありません。いわゆる教理でもありません。出来事です。キリストの出来事です。それは聖書に既に預言されていたことです。預言されていた神のご意思による救いの出来事です。キリストの死、葬り、そして復活の出来事です。こうした救いの出来事に対する信仰の言葉は、やがて、例えば使徒信条のような言葉に凝縮されました。ただしかし、改めて使徒信条の言葉とパウロの言葉とを比べて見ますと、パウロは、キリストの死と葬りと甦りの出来事と直接結びついて、そのキリストが今ここでケファ、つまりペトロをはじめ弟子たちに、兄弟たちに、そして最後には、自分にさえ「現れ」てくださったと告げました。説教者自身がキリストに会っていただいたのだと言います。だから、こうして説教しているのだと語ります。受け継いだ言葉に、自分の救いを語り加えるのです。私自身に起こった救いの出来事だとして語るのです。その意味で説教は、いつでも証しなのです。

やがて、教会は、主イエスが地上に誕生してくださった出来事をも記念し、心を込めて祝うようになりました。いわゆるクリスマスです。主イエスの誕生も説教者が語る重要な主題となりました。一年の間に、主イエスの誕生、十字架の死、そして復活を語ること、これは教派を問わず、ひとを問わず、説教者が心を込めて、存在を賭けて語り続ける言葉となりました。

日本のプロテスタント教会が福音の言葉を語り始めて以来、いったい、どれほど多くの説教者が、自分に与えられた、この福音を語り続けたことでしょう。この救いの出来事が私にも起こったと語ったのです。近代日本が誕生してから今にいたるまで、折りを得ても得なくても救いの言葉を語り続けてきました。数えきれない数の日本人の魂を救ってきました。そのキリスト者としての日々の歩みに寄り添ってきました。

ここに提供するのは、その福音の言葉、救いの言葉を一握り掬い取ったものです。

今、この国で救いを求める人びとに、あなたはこれで救われる、と語りかけたいからです。救いにあずかって生きている方たちに、あなたを生かしている福音の言葉を聞き直してほしいからです。いのちの主に会っていただきたいのです。

二〇一八年一月

加藤常昭

日本の説教者たちの言葉

# 輝く明けの明星　待降と降誕の説教　＊目次

## 降誕祭説教

## 降誕後説教

装丁　桂川　潤
装画　渡辺禎雄「聖母子」

日本の説教者たちの言葉

# 輝く明けの明星

待降と降誕の説教

・各説教の引用元は、説教の末尾に記した。引用元が新漢字、現代仮名遣いに書き改めているものはそれを引き継いでいる。（ママ）という表記も、引用元の通りである。

・各説教の解説は平野克己が執筆した。

# 待降節説教

15　待降節

# 待降節　小塩　力

ルカによる福音書　第一九章一―一〇節

一

イエスの生涯における最後の一週間に踏み入るちょうど一日前のことである。明日は祝祭の首都エルサレムに入城せんとして、国家国民のために泣き給うべき日である。受難の一週は、人類の罪を負って十字架にかかるゴルゴタの丘に、きわまり尽きようとしている。このようなとき、イエスは人ひとりの救いのために、心ゆくばかりのつとめをはたし給うたのである。世間からは塵や芥のようにあしらわれ、万物の垢ででもあるかのようにさげすまれ（コリント前書四・一三参照）、蝮かげじげじのように嫌われていた、取税人階級の、そのひとりのために、神の子イエスは適切な救いの手をのばし給うた。

　エリコはローマの支配下にあるさして大きくもないまちであったが、ユダの東の辺境に位して、重要な税関所在地として有名であった。そこの税関長というか税吏の取締りをする首長が、ここに出場してくるザアカイという人である。今日の税務署長とか税関の役人とかいうものを考えたのでは、この頃の取税吏に対する民衆の感じはわからない。ローマの番犬か手先として、窮迫した民衆の生活の、法にふれる微妙な箇所をかぎつけては、不当に圧迫し搾取していた。ツァー政権下において、租税徴収にむごい働きをした、ギリシア教会の小役人のような存在であったかもしれない。一般民衆は、彼らの背後にあって彼らを躍らせているものを、みぬくことはできなかったから、うらみを彼らにばかり集中したわけである。肩身のせまい思いをして生きてゆかねばならぬ彼らは、しぜん金にたよるために私腹をこやす。役得不親切はつきものとなり、精神生活は荒《すさ》みはてていった。親は、その生涯が純潔であれかしとねがって、ザッカイオスと命名したことであろう。いってみれば、純彦とか義男とかいう名である。両親のいのりもむなしく、この人の生涯の最後の峠にかかってふりかえれば、義と憐れみとのあとは乏しく、いつの間にか富んでいた。ということは、とりもなおさず不義にして富んでいたのである。

　その心中の希求と期待とは察するに由もないが、イエスの一行がエリコを通過するという報をきいて、この人を見たいと切におもったらしい。単なる好奇心からであったか、自らも悟りえぬほど深くに潜む「永遠なるもの」「聖なるもの」への憧憬からであったか、いずれとも決しかねる。けれどもここには、突如とした出来事と、その奥の神的必然とが一つになってみえるようである。ともかく、世間の冷たいとりあつかいには慣れている身ながら、このイエスをぜひ見たいという内的衝迫にかられて、路傍の無花果の大樹によじのぼるのである。桑の樹と訳されているが、学名フィクス・シコモールス・リンネ、すなわちパレスチナ地方に繁茂していた枝も葉も大きな無花果のことであるという。群衆のじゃまを避けて、樹上の葉かげから見おろしている、この矮小軽躁な半白老人に対して、おもいがけなくもイエスからの呼び声が発せられた。

二

「ザアカイよ、急いでおりてきなさい。今日わたしはお前の家に泊まる」。知っておられるはずのない自分の名を、まぎれもないこの私の名を、イエスが、まるで旧知の名を呼ぶように呼ぶ。群衆のささやきから、お知りになったのだろうか。神的直観をもって瞬時にしてこの我を知り給うのだろうか。さきに弟子たちを伝道に遣わすとき、村や町にはいったら、まずこれぞ「相応《ふさ》わしい」（マタイ伝一〇・一一）と思われる人物をめざすように、と注意されたイエスのことである。かねてから福音宣教における、この取税吏の存在を心にとめておられたのだろうか。いずれにもせよ、人格と人格とが出会ったのである。永遠のことが、一瞬にして起こったのである。しかも鉄を、灼熱しておるときに打つように、人格交渉の高度な瞬間に、ハンマーは急所を撃ったのである。今宵なんじの家に宿るべし。

あなたのうちに泊めてもらいましょうか、ではない。泊まらねばならぬ。泊まることにきまっている。そういう、かなり断定的な、やや無法な「泊まるよ」である。

イエス・キリストは、今日のわたくしどもにむかっても、同じように、いそぎおりよ、今日我なんじの許に宿るべし、といいたもう。準備はないのである。よくよく熟慮してイエスを迎えようとしたわけでもないのである。神性の前にばくろされる、人間性のオッチョコチョイ、軽率性・無準備が、ザアカイの性格や状況に即してあらわである。この荒廃したわが魂に、このすけた心に、この浅ましくもするどくなった精根に、救いはいかにしてのぞむのであるか。心構えが完了してからというならば、百年河清をまつにひとしい。矮軀《わいく》が長身に、不義にみちた過去が名のごとく清純になってからというならば、それは全くの不可能事を強いることであろう。することなすことにあらわれるオッチョコさも、そこはかとない求めの中に凝固してくる希望も、彼方からの呼びかけや攪拌に対するつたない反応である。イエスの来臨にふれるとき、世界はいつでも、このような無準備・取り乱しを露呈しつつ、「喜び」（六節）にあふれて彼を迎えるのであろう。

イエス来たり給わんとす。宿り給うべし。これが、とりもなおさず、待降節の意味である。アドヴエント、すなわち、アドヴェントゥス。到来とか、出現とか、降臨とかいう言葉である。神の子イエス・キリストが、世界の内に見えるかたちをもって来臨したもうのは、第一にクリスマスの出来事であり、第二には終末のそれである。これを内に含みつつ、教会用語としては、降誕祭の準備期間ほぼ四週間をいいあらわす。それは聖夜への備えであるがゆえに、「光への歩み」という美しい表白も、ゆるされぬではない。しかし真実には、「光からの歩み」である。光の方が入りこんでくる、その前駆的しるしである。

今晩、お前のところにとまる。これだけの約束が、あらゆる無神的拒否の力に抗し、罪と死のさ中になって、よろずのことよからざるなしと信ぜしめる。むこうから光が射してくる。生命の主が来泊しようとして進みきたり給う。これこそアドヴェントである。待降節の静かな儀式的まちうけもよいであろう。ろうそくをともし、ひなびた落ち着いた仕方で、クリスマスを待つ、それもあながち悪くはないであろう。しかし、なによりも、今という今、準備なき今宵、主が来たり給うという現実に、驚愕し、歓喜する、そのようなしかたで信仰認識するということが第一義のことではあるまいか。この約束には、神の予定の裏打ちがある、神的措定の確乎たる響きがある。宿るべしのべしには、ルターのいわゆる「免除し得ざる」神の指定が、意識されているのである。

しかもなお、この約束が、受肉を俟望《しぼう》せしめ、イエス・キリストを待たしめるということは、世界の現実の根本構造を厳かにうかがわしめるゆえんである。歴史はいま綜合をもっていない。世界は、虚無と悲痛のなかから、半自覚的に救い主をあえぎ求めている。待降節的世界である。主の呼びかけに応える、いたましくもくずれた世界、それが待つかたちに姿勢をととのえ得るということこそ、終末的な喜びの破片が先取せられる世界というべきである。

三

六節、七節。ザアカイは急いで樹から下り、大喜びでイエスを迎えた。人々はこれを見て、彼が罪人の家に客になったといって、呟いた、というのである。ここに、前者における喜びと後者における呟きとが対照される。

イエスの譬えにおいて、しばしば「天に於て大いなる歓喜あるべし」という言葉に接する。喜びは、救いの成就態を示す、といってもよい。救いの完成情況が発する芬香《ふんこう》であり、救いが外にあらわれてゆく自己分与ともいうべきものである。ザアカイの心理に即してみれば、冷やかな世人の視線を背にうけつつ、ざまをみろというような低い気持もあったかも知れぬ。自称義人の呟きをききつつ意気昂然としたかも知れぬ。それにしても、救い主の来臨がもたらす何ともいえぬ喜びが、こみあげてくる。他をみかえす気持などは、いつしか失せ去って、本質的な終末的な、神の国の雰囲気としての聖なる喜びが我らをつつんでくる。

これに対する呟きこそは、パリサイによって代表される、我々人間の宗教心の、くすぶった自己憤怒にほかならない。卑屈な、内へとぐろをまきこむ内攻的な自己承認である。他の幸をともに喜べない心、不平が絶えないで救いをうべなえない卑しい気持。わたくしどもは、いろいろな場合に、このような呟きにとらわれる。屁理屈も呟きの積極面であろう。どれほど、つじつまがあっても、呟きの支配するところには、根本的解決への血路は開かない。我等は右顧左眄することから、信仰の決断に導かれねばならない。

四

「ザアカイ立ちて主に言う、『主、視よ、わが所有の半を貧しき者に施さん、若し、われ誣《し》ひ訴へて人より取りたる所あらば、四倍にして償はん』」（八節）。

主を食卓に迎えて、ザアカイは主人役として感謝の辞をささげるとともに、新しい決意の表明をしなければならない。彼は短時間に、イエスの悔改めへの召しを感得し、確乎とした態度をもって決意をいいあらわすのである。それも、決して一般的な形で、罪を悔いますとか、罪の赦しを信じますとか、神を信じますとか、いうのではない。自分にたしかにできる、それだけにいちばん苦しい、具体的な仕方で告白するのである。もっとも具体的な財についての問題を、明確な律法の規準にてらして、判断し決意するのである。

主よ、わたくしは、全財産の半分を貧乏人に施します。これはユダヤにおける法の最大限をはるかに超える施与の仕方であった。普通は、まず財産の五分の一、その後毎年収入の二割を限度として施す、といわれる。賠償の場合には、「その物の代価にその五分の一を加へて償をなす」(民数紀略五・七)のが普通で、特別羊を盗んだときが四倍、牛は最高で五倍だったらしい。「人もし牛あるひは羊をぬすみて、これを殺しまたは売る時は、五の牛をもて一の牛をつぐのひ、四の羊をもて一の羊を賠ふべし」(出エジプト記二二・一)。で、自分がゆすりかすめた所は、必ず四倍にして返します、と決心をいいあらわすのである。

この決心の披露について、批評をしようと思えばできるかもしれない。しかし、ザアカイにとっては、精一杯、あるいは精一杯以上の決意であったことを考えねばならない。財産の半分を施す。それから、法律にふれるといえば触れるかも知れぬが、とにかく税吏からいえば不当な掠奪と自認すべき事件を思いうかべて、しかも最高度のつぐのいをしようとする。金こそ生命であった者にとって、これは死を意味することである。ザアカイは生命を賭けたのである。血をはくような告白が、淡々と、事務的なかたちでのべられた。ここには信仰による承認と行為による承認との分裂分化はない。神を信ず、という信仰告白は、かような相対的な行為の決断告白において、成し遂げられてゆく。

我々のしがみついている財産は何であるか。名聞である、学問である、智慧である。さまざまの観念形態がある。肉親の愛もある。これらのものがあるということは恩寵である。とともに、富を不義ならぬ富といいがたい（ルカ伝一六章、一八章参照）ように、掠奪でもある。搾取の痕跡をとどめない財や富は見出されにくい。したがって、これらの財は、神と人との公共の用に供せらるべきものである。他者を犠牲にしたり、懇切でない筋道によったり、それ自体の求心力に絡まれたり、個人の財も民族や国家の財も、しばしばこのようないつの日かの搾取のかげに蔽われた「半分」であろう。民族繁栄のかげにかようなものを直観する預言者は、審判と教諭のことばによって、財のただしい放出と他民族への奉仕に人々を駆りたてるであろう。欧米の教会が、外国伝道と窮民救援に全力をつくすとき、被救援者の側からはともかく、彼ら自身の側からいえば、これなくしては彼らみずから救わるまじき、恩寵への返却にすぎない。数倍にしてという、全力を傾けつくす、ザアカイの態度は、キリスト者の信仰決断へのよい原型を示してくれる。生と財との具体面に深く喰いいって、ここでこの時代の問題の中髄に触れつつ、全力をつくして神を信じますといいきるものとならねばならない。かかる具体的信仰告白のなされるところには、すでに「救は来ておる」のである。

## 五

「イエス言ひ給ふ、『けふ救はこの家に来れり。この人もアブラハムの子なればなり。それ人の子の来れるは失せたる者をたづねて救はん為なり』」（九、一〇節）。

悔改めのおこるとき救いは来る。救いの入りこむとき信仰は創造される。相互相関的な事実である。そしてそこにはイエスがいます。説明句は、ただたどしい理由づけにすぎない。ともかく、家長一個の決断は、全家を救いに導いたのである。吏長一人の転向は、手下や部下のすべての面前に、アドヴェントの光をもたらしたのである。十字架を前にして、主は最後の宣教の播種と収穫を一夜にあつめて、神の本心を明らかにし、深い喜びの息づかいをわかち給うた。

神と人、人と人との、平和な交わりすなわち救いの現実態を、味わい知るものは、失われたるこの身をかくばかりにつつむ待降節の約束の言に、つよく起たざるを得ないであろう。

（一九四七・一二・九）

（『小塩力説教集　第二巻』新教出版社、一九七七年所収）

**小塩　力**（おしお・つとむ、一九〇三―五八）

群馬県藤岡で牧師の長男として生まれる。松本高校在学中の一九二二年、植村正久より受洗。東大農学部卒業後、東京神学社に入学。高倉徳太郎の教えを受けた。松江教会、佐世保教会での牧会を経て、四二年、井草聖書研究会を始め、四七年、井草教会を設立。幼少期からの喘息に苦しみ、病床に伏せることも多かったが、牧会に加えて文書伝道や新約聖書の研究に励み、東京神学大学等で教鞭も執った。喘息性心臓発作により五十五歳で死去。主著は『高倉徳太郎伝』、『聖書入門』、『キリスト讃歌』など。

## 《聖書の物語》を《わたしたちの物語》として語る

過去に行われた日本の説教を読むと、《説教文学》とでも呼びたくなる説教の一群に出会う。わたしたちのあいだに、説教を文学と呼ぶことを忌避する感情が今なお根強くあるかもしれない。しかし、文学とは、《言葉（口頭または文字）のあらゆる力を活用して受け手への効果を増大させようとするもの》（Wikipedia）と定義することが正しいとするなら、説教もまた、聴き手に神の言葉を紹介しようとあらゆる力を注ぎ込む営みであるゆえに、文学と呼ぶことがふさわしい。

神の言葉から受けた衝迫を、何とかして受け手にも伝えたいという熱情が、そのような人間の努力を強いてくるのだ。小塩力のこの説教もきわめて文学的である。その独特な語彙と文体による文章から、一種の読書の快楽さえ感じさせられる。このような説教は、ぜひ声に出して朗読したい。

テキストを最初から最後まで順番に語っていく《節ごと説教》の形式を取っている。しかし、このタイプの説教に起こりがちな、退屈な解説の説教ではない。それは、神学的な黙想、そして卓越した人間観察が随所に散りばめられているからである。

「待降節」と題しながら、聴き手の不意を突くように、主イエスのエルサレム入城を語る次の一文から説教が始まる。「イエスの生涯における最後の一週間に踏み入るちょうど一日前のことである。明日は祝祭の首都エルサレムに入城せんとして、国家国民のために泣き給うべき日である。受難の一週は、人類の罪を負って十字架にかかるゴルゴタの丘に、きわまり尽きようとしている」。この三つのセンテンスによって、降誕の出来事と十字架を重ね合わせる。そうして、待降節にありがちなある種の浮かれた思いを「国家国民のために泣き給うべき日」として、静かに訂正している。

特に、主イエスの「今日わたしはお前の家に泊まる」という言葉をときあかす部分は圧巻である。この部分においてようやく、なぜ待降節にこの物語に耳を傾けるのかという誰もが抱く思いへの答えが集中的に明かされる。そこには、新約聖書学の範疇を超えた神学的黙想がある。「イエス来たり給わんとす。宿り給うべし。これが、とりもなおさず、待降節の意味である。……それは聖夜への備えであるがゆえに、『光への歩み』という美しい表白も、ゆるされぬではない。しかし真実には、『光からの歩み』である。光の方が入りこんでくる、その前駆的しるしである」（本書18—19頁）。

さらに、説教の終盤には、鋭い人間観察に基づいた忘れられない言い回しがある。「我々のしがみついている財産は何であるか。名聞である、学問である、智慧である。さまざまの観念形態がある。肉親の愛もある。これらのものがあるということは恩寵である。ともに、富を不義ならぬ富といいがたいように、掠奪でもある。搾取の痕跡をとどめない財や富は見出されにくい」（本書22—23頁）。そのようにしてわたしたちを審きながら、同時に、「生と財との具体面に深く喰いいって、ここでこの時代の問題の中髄に触れつつ、全力をつくして神を信じますといいきるもの」に造りかえようとしている。聖書の物語が自分たちの物語になることを願っているのである。ザアカイが主イエスの「アドヴェント」によって造りかえられたように。

植村正久、高倉徳太郎の系譜をひくこの説教者は、説教の言葉がもつ力への信頼を引き継いでいる。わたしたちが繰り返して読むべき、名説教である。

# クリスマスと旧約の予言者――エレミヤを中心として

浅野順一

エレミヤ書　第二三章五節

一

旧約の予言者の言の中に幾つかの「メシヤ予言」といわれるものがある。イザヤ書七、九、一一、五三章、ミカ書五章などはその最もよく知られているものである。殊にイザヤ書一一章の如きメシヤの出現によってこの争いの多い人間界にも、弱肉強食の自然界にも、永遠の平和が来る不思議な世界が予言せられ、「おおかみは小羊と共にやどり、ひょうは子やぎと共に伏」すといわれている（一一ノ六）。それはまさに夢幻的な平和の世界という外はない。イザヤの場合、神の聖なる意志が平和としてこの世界に必ず実現するであろうというのである。それが彼の心に描かれた終末の世界、すなわち神の国の様相であった。

戦争のために常に悩まされた古代のイスラエル、その領土はたえず周囲の大国のために血なまぐさい戦場とされていた昔のパレスチナの民が平和を熱望したことは当然であり、その熱望を代表する意味でこのような発言がイザヤによってなされたことは容易に頷けるところである。

然るにエレミヤの場合はイザヤとは少しく違う。彼の宗教の中心観念は一言でいえば「真実」である。そして彼の言う真実は倫理的であるよりはまず歴史的である。通常、真実とは正直、真剣、誠実等の語でいい直されるが、エレミヤにおいて真実とは事柄をありのままに見る、事実を事実として受け取る、ということである。彼の言う真実は現実に通ずる。

エレミヤは真の予言者としてしばしば偽りの予言者を攻撃している。彼らは「夢を見」「互いに夢を語る」者である（エレミヤ書二三ノ二五、二七）。今日の言葉によれば、希望的観測をする者に他ならない。それ故、彼らは安からざる時に安し、安しと呼ばわったわけである。これは偽りの予言者が祖国滅亡の危機に直面する率直さを欠き、勇気なきことを意味する。それに対して真の予言者であるエレミヤはエルサレム神殿の破滅、イスラエル国家の滅亡を叫んでやまなかった。このようなエレミヤの予言は決して架空な予想を語っていたのではなく、時代に対する的確な判断に基づくものであった。それは事実を事実として見る、彼の信仰の真実から出ているものであったからである。

恐らくエレミヤほど夢をもつことの少なかった予言者は外に少ないであろう。この点彼は同じく旧約の予言者でありながら、イザヤとはその性格を異にしている。

## 二

しかしながらエレミヤはただ一本調子に祖国の罪に対する神の審判だけを叫んだ滅亡の予言者ではない。物の一面しか見ることの出来ぬのを彼は「強情」と呼んでいる（九ノ一四）。「強情」とは精神の硬直であり、弾力性の喪失である。それ故、彼はただ機械的に神の審きを語るだけが真の予言者の能事とは考えていないのである。

福沢諭吉は必ず物の両面を一時に見ていた人であり、事が右といえば左、左といえば右ととなえ、一見、天《あま》の邪鬼《じゃく》のような言説を弄したが、それは彼が右を見つつ左をいい、左を見つつ右をいったからであるといわれている（「図書」一九五〇年十一月号所載、丸山真男氏講演）。エレミヤにもこの明治の先覚者とやや共通しているところがあるのではないか。

イスラエルの滅亡後、エルサレムの指導的階級の多くの者が王を始めとして敵国のバビロンに捕われて行った。彼らは祖国に一日も早く帰ることを欲し、陰謀を企てたらしい。厳しい迫害こそ受けなかったであろうが、彼らにとって敵地が住みよいはずがなく、捕囚民が帰還を急いだ心持は十分察せられる。

然るにエレミヤは彼らに手紙を送り、バビロンにおいて彼らが家を建て、畑を作り、妻をめとり、子を儲け、落ち着いた生活をすることをしきりに奨めているばかりでなく、バビロンのためにも神に祈れと励ましている（二九ノ五以下）。

これはいかなる理由によるものであろうか。エレミヤにとって国家の滅亡は直ちに民族の滅亡を意味しない。もしイスラエル人がその神に固く連なっているならば、国が亡んでも、民は亡びない。イスラエル人の存続する基盤は国家ではなく、宗教である。その宗教を失わぬかぎり、神の民は容易に失せ去ってしまうものではない。そういった彼の確信に基づくものであろう。

それればかりではなく選民の宗教は彼らが散って行く先々に、彼らを通じて種として播かれその芽を出す。国家という枠が打ち壊されたために、かえってイスラエルの宗教が世界に拡がって行く歴史的契機が与えられる。そういう遠い将来をエレミヤは見通していたのであろう。人々が国の滅亡について無闇に悲観的、絶望的になっていたのに対して、エレミヤはむしろ楽観的、希望的であったのではないであろうか。

これは事実を事実として受けとる現実の意識であると共に事実を超えて先を示すいま一つの現実、人間の現実に対してそれを超える神の現実と言うことが出来ようか。その意味においてエレミヤの言う真実は現実であると共に信仰であり、その信仰は現実の苦しみや戦いの中からのみ芽生え、育つところの信仰であり、希望である。人々が絶望を叫ぶ時にもなお希望を語り、意気沮喪する時にもかえって勇ましく奮いたつ強靭な精神である。

エレミヤはバビロンに捕われて行った同胞に七十年待て、その時、エルサレムへの帰還が許されると語ったが、七十年は五十年に縮められ、それが実現していることも興味深いことである。

三

さて然らばエレミヤはイザヤが考えていたようなメシヤについて全く関心がなかったであろうか。イザヤの場合メシヤは、「『霊妙なる議士、大能の神、とこしえの父、平和の君』などと呼ばれ（九ノ六）、また「知恵と悟りの霊、深慮と才能の霊、主を知る知識と主を恐れる霊」が彼の上にとどまるといわれている（一一ノ二）。イザヤ、エレミヤ共にメシヤはエッサイもしくはダビデの家の「枝」であるという点においてはおなじであるが、エレミヤはただ簡単に「『彼は王となって世を治め、栄えて、公平と正義を世に行う』」といっているだけである（エレミヤ書二三ノ五）。これによればエレミヤもまた新しい理想的な王がダビデの家に生まれることを期待していたようである。そのような王が現実的にイスラエルの歴史の中に生まれて来たかどうかは別として、来たるべき神の国についてはもちろん、メシヤについても彼は夢幻的な待望をことごとしく述べてはいない。

要するにエレミヤはイスラエルの未来について一切の華やかな空想をかかげない。彼の歴史観は冷徹なまでにリアリスティクである。それにもかかわらず彼は確信をもってイスラエル民族の復興を語っている。そしてそこに我々がエレミヤについて学ぶべきものがあると思う。

過日、或る書物で、一人のインドの青年が、日本人は口を開けば貧乏だから何も出来ないという投げやりな言葉を吐く、インドは日本の何倍か貧乏である。しかし我々はその貧乏の中から今立ち上ろうとしていると憤慨して言ったという記事を読んで感激を覚えた。このインドの青年は日本で二年間稲作をみっちり実習し祖国の農業を改良する意気にもえて帰ったということである（桑原武夫『この人々』一六二―一六三頁）。

日本は自由・共産両陣営の間にはさまれ、狭い領土の中に過剰な人口を抱えてこれから先も長く、もみにもまれ、苦しみ戦って行かねばならぬであろう。その厳しい日本の現実に我々は目をふさいではなるまい。況《いわ》んや日本人が今、懐古的なものに逃避の場所を求めようなどと思うことはもっての外である。歴史は昔に引き返し得るものではない。

しかし現実を直視する真実さはまた現実を乗り越えさせる力でもあることを我々は忘れてはなるまい。虚無を克服するものをもたない虚無は真の虚無とはいえないと言われるが、現実の底に徹して現実を超える力がなんであるかを我々はエレミヤから学ぶのである。

エレミヤは、直接にクリスマスを予告する予言者ではなかった。しかし彼がその時代に予言者として真実なる生き方を貫いたということが暗夜寒空に輝くクリスマスの星と無関係ではあり得ない。この二つは六百年を隔てて相結び、その結ばりは現代にもなお関わりを持っているのではないか。

（『真実　予言者エレミヤ』創文社、一九五八年）

（『日本の説教Ⅱ 5　浅野順一』日本キリスト教団出版局、二〇〇五年所収）

**浅野順一**（あさの・じゅんいち、一八九九―一九八一）
福岡県大牟田生まれ。東京高等商業学校（現・一橋大学）を卒業後、三井物産での勤務を経て、一九二四年、東京神学社に入学、高倉徳太郎に師事。エディンバラ大学、ベルリン大学等で旧約学を学び、帰国後、東京神学社講師となる。三一年、青山北町で伝道を始める（日本基督教団美竹教会の前身）。戦後、青山学院大学、日本聖書神学校の教授に就任し、日本における旧約学の発展に貢献。工業地帯での開拓伝道、平和運動、授産施設の創設などにも携わった。主著は『イスラエル預言者の神学』、『ヨブ記の研究』、『ヨブ記註解』全四巻など。

## 《真実》をもって現実を冷徹に直視する

浅野順一は、特にエレミヤ書を愛した。美竹教会においても、戦争前、戦争直後、そして、『真実　予言者エレミヤ』として刊行された一連の説教と、三回もエレミヤ書の講解説教を行っている。これは、まことに特異なことであろう。

それほどまでに、浅野がひかれたのは、エレミヤに特徴的な《真実》であった。「人間が必ず備うべきいくつかの諸徳の中で最も貴いものは真実であろう。エレミヤのいう真実は信仰に通ずる。それはただ一つの徳目ではなく、諸徳の基底となるものであり、人間存在の根本に据えらるべきものである。著者自身それをエレミヤについて深く学んだ」（『真実』のあとがき）。

この年のアドベントにおいても、選ばれることの多いイザヤ書の《メシヤ預言》からではなく、エレミヤ書からあえて説教を行っている。

この説教の特徴は、一貫してエレミヤその人に焦点を当て、それをわたしたちがともに学ぶべき模範像として紹介していることである。

説教中、「神」の名が主語として用いられることは一度もない。むしろ、大部分の文章の主語は「エレミヤ」である。しかも、彼の言葉は、イザヤのように「夢幻的な平和の世界」を語るのではなく、また、偽りの預言者のように「架空な予想」を語るのでもなく、「事実を事実として見る、彼の信仰の真実」（本書29頁）から出たものだという。浅野は、「神」の名を直接的にそして安易に用いることを抑制している。神については、このような人物を造り出した方として言外に指し示すにとどまる。

エレミヤは、「ただ一本調子に祖国の罪に対する神の審判だけを叫んだ滅亡の予言者ではない」。むしろ、「人間の現実に対してそれを超える神の現実」を受け取った。そうして、次の魅力的な文章が続く。「エレミヤの言う真実は現実であると共に信仰であり、その信仰は現実の苦しみや戦いの中からのみ芽生え、育つところの信仰であり、希望である」（本書31―32頁）。

アドベント、そしてクリスマス。

わたしたちはともすると、自分たちの祭りのために神の名を連発し、夢幻的な平和の材料にイザヤを持ち出し、この期節を年末の気晴らしの行事に変えてしまう。日本人が「懐古的なものに逃避の場所を求め」る姿を説教で批判しながら、結局自分たちもまた、クリスマスを懐古趣味のファンタジーに仕立ててあげようとしてしまう。

言葉を研ぎ澄ませたこの説教は、決して読み手に親切であるとは言えない。むしろ、様々な思いを与えてくれる。たとえば次の言葉である。

「現実を直視する真実さはまた現実を乗り越えさせる力でもあることを我々は忘れてはなるまい」（本書33頁）。

虚偽の言葉が横行する社会のなかで、わたしたちが聞き・語りたいのはもうひとつの虚偽ではない。はりぼての美辞麗句ではないのだ。わたしたちがエレミヤとともに見つめたいのは、「暗夜寒空に輝くクリスマスの星」（本書34頁）なのだ。そんなことを思わずにはいられない。

# 祝福

鈴木正久

ルカによる福音書　第一章三九―五六節

これはクリスマスを迎える待降節の聖書の箇所です。イエスをみごもったマリヤがあのバプテスマのヨハネをみごもったエリサベツをたずねた時、腹の中にいるヨハネも母親のエリサベツも共に喜び、聖霊に満たされてマリヤを祝福したというのです。そしてあの有名なマリヤの賛美といわれる歌、マリヤがこのような主の働きを、その恵みを賛美した歌、それがここに書かれてあります。その言葉を私たちは今朝耳にしたのです。この聖書の箇所は、私たちにどういうことを話しかけているでしょうか。

一見、これとどのような関係にあるのかと思うことですが、この聖書の言葉を聞いていると、私た

ち は今の日本の問題、大学紛争の問題を考えさせられます。

アメリカのカルフォルニアにバークレーという町がありますが、バークレーのカルフォルニア大学、そこのステューデント・パワー、学生権力について、ネイサン・グレイザーという人が、これはカルフォルニア大学の社会学部の教授ですが、論文を書いています。「中央公論」の一二月号に「バークレーの学生権力」という題で出ています。

で、このバークレーで起こった学園の紛争は一九六四年から始まったわけなのですが、それはそれ以前の世界の各地で起こった学生運動と確かに共通点もあるが、かなり違った点もある。そしてグレイザーは、このアメリカのバークレーの町で起こった大学の紛争の特色として、次のようなことを述べています。

まず第一に、この学生たちは卒業した後就職できない、というような心配は全然なかった。職業も地位もみんな保証されている学生であった。そういう不満からこの学園紛争は起こったのではない、というのです。それならば学生が生きている社会、国、あるいはその地方というものがきわめて前近代的、封建的であるというのかというと、そうではない。自由主義的であり、議会民主主義的であり、とにかく特に学生を抑圧している、というふうなことはない。したがってそれが不満でこの学生騒動が起きたのでもない。また一九六四年というのは、近年激しくなったようにはベトナム戦争の問題もまだそれほど激しくなかった。さらに黒人の問題というのは、もちろんアメリカで大きい問題であるが、一九六四年にはその黒人に対しても、いわば進歩的な態度を、アメリカ全体がとにかく表面的には示すような状態になった。したがって特に何か、たとえば一九六〇年に日本の安保問題を契機とした学生運動のように、国家的な大論争になることがあったので起こった、というわけでもなかった。

　それから世界の学園紛争をみると、多くの場合、マルキシズムとリベラリズム、この二つのイデオロギーというものが動因になっていることが多いのだけれども、このカルフォルニア大学のバークレーの学園紛争においては、そういうこともごく末端ではあったけれども、中心的ではなかった、といっています。こういう意味において、大ざっぱに言うと、学生自身としては、紛争を起こすべき種がなかったのに起こった、ということにおいてこれはきわめて特殊である、というのです。そうすると、問題はどこにあったのか。結局大学自体、そこの学生自体であるよりも、現在のアメリカの社会、腐敗している社会、――それをグレイザーは偽善的である、というのですが――偽善的である社会に対して、その不満が学園紛争として起こったのである、というわけです。そこで、大ざっぱにいってこの学園紛争というのは、次のような三つの特色を呈した、というのです。

　一つは、アメリカの社会で政治運動を行なってゆくための避難所、大学というものを避難所というふうに学生は考えるようになった。あるいは社会で政治運動を行なってゆくための、基地として、大学を自然考えるようになっていった。

　二番目は、欲求不満からか、大学というものがごく手近にある的《まと》であるということからか、あるいは広い社会運動を行なうための戦闘訓練の場所としてであるか、とにかくこの大学というものを、社会一般の代用物というふうに学生がみなす、そういうふうであった、というのです。すなわち、大学の中でああいう騒動を起こすことは、社会全体で起こしたいその騒動のさし当たり手近にある代用物というふうに大学がみられたからである、というのです。

三番目には、最終的には大学というものを、政治教育とその運動のために導入する、そのために参加させようと彼らは考えるに至った。ということは、大学というものを社会変革の企てにおける積極的な、いや潜在的な味方としようとした、というのです。確かに一九六四年にバークレーで学園紛争が起こった時、それはこの前に日本やインドやインドネシアや韓国やトルコで起こったものと、今述べたような点において違っていた、とこの人はいうのですけれども、近頃の日本の学園紛争を考えますと、ことに東大の紛争などを考えますと、私たちには多分にこのバークレーのカルフォルニア大学の学園紛争と類似している点があるのではないか、と思われます。彼らは別に、就職に困っているから、社会的地位が卒業後保証されていないから、あるいは今の学問がきわめて抑圧されているから、そういうことで紛争を起こしているということでは、大ざっぱにいってありません。今や日本の学園紛争全体が、確かにそれは大学それ自体に問題があるところも多いわけですが、さらに進んで社会に対する不満、社会の偽善、偽りに対する抵抗、こういう形をとっているというふうに見えます。

で、このネイサン・グレイザーはさらに続けていうのですが、問題はこの学生たちに――これは学生だけのことではありませんが、教授たちにも――だがそれならばどういう社会であればいいのかと問い返しても、その目標は漠然としていた、というよりもそれは全くむつかしい問題であった、ということに問題がある、というのです。単にマルクスが考えているような社会であればいい、というふうに簡単に割り切れる人はむしろ少数でしょう。

グレイザーはさらにこういいます。したがってこの学園の紛争というのは、きわめて革命的なようであったけれども、それならばどのような社会であればいいのか、というその目標に関しては漠然としていた。それに答えることはきわめて難問であったために、その紛争を続けている間に、革命的である、と考えていたものが時には反動的、反革命的にさえも見えるようになってきた。したがって――この最後はたいへん考えさせられる点なのですが――大学というものは、結局どうなればいいのか、ということがはっきりしないで、ただ、ごたごたが続いていた、ということのために、結局はあまり変革されない形で今も続いている、というのです。

しかし私たちは、現在の日本でも問題である大学紛争の問題について、このバークレーのステューデント・パワーについての論争、論文を通してこういうことを知ります。それは三つのことです。

一つは、社会あるいは人間生活の偽善性、偽りの問題です。聖書には、サタンは偽りの父である、といわれています。あたかも、たいへん文句なく正しいかのようだが、そうではない。as ifです。あたかも、これで結構であるかのような、そういう姿を呈している社会、あるいは人間生活の問題です。

もう一つは、不安の問題、といってもいいでしょう。これはアウグスティヌスが言っていることを念頭に浮かべてなのですが、その不安というのは、そういう人間生活の中で私たちが落ちつかないということ、安住しない、ということです。アウグスティヌスはあの『告白』の初めのところで、たいへん有名な言葉をいっています。「神よ、あなたは私たちの魂をあなたに向けてつくられたので、私どもの魂はあなたのもとに至るまで休む時はありません」。このアウグスティヌスの言葉は普通はあまりにも狭く宗教的に考えられます。要するに、神様を信ずるまで我々の魂は休むことがないのだ、と、手っとり早く、いわゆる宗教的にとられるのですが、もちろん、もっと幅広い意味を含んでいます。人間の社会はいつ本当であったろうか。いつも偽り、みせかけ的に落ちついているのではないか。それは私たち自身がそういう生活をつくり出しているのである。にもかかわらず、我々の心はその中で落ちつかない、神に至るまで――というのは、何か本当のものにゆきつかなければ、そういう中で落ちつくことがない。すなわち絶えず休まない、不安を我々は抱いている、それに満足しない、ということです。現在の大学紛争が、理事会が二十億円ごまかした、というふうなことに対する非常に直接的な不満から発している、ということよりも、そういう問題のない所で発している学園紛争というものは、このような意味における不安、あるいは不満というような、深い意味におけるいつわりという性格を持っていないとはいいえない。お互いの生活の中で、安住しない我々の心の状態、というものを示しています。

三番目に、にもかかわらず、それならばいったいお互いはどうあればいいのか、そのことは本当に難問である、ということです。我々は、どうあればいいのかということは本当に難問である、ということなのです。

度々くり返していったように、今の大学問題で私たちが投げかけられているのは、大学だけの問題ではありません。そうではなく、社会、人間生活全体、その社会、人間生活の体質全体の問題です。ただ、いわゆる社会人というものは職業にしばられている。本当は職業というものがそれほど我々をしばるものかどうか知りませんが、職業にしばられている。あるいは地位にしばられている。本当は地位というものがそんなに私たちをしばるものかどうかわかりませんが、とにかく自分はしばられている、と感じている。それゆえにこのような状態、あのいつわりの状態、しかもそれに対してほんとうは安住できない心を我々は持っているのだけれども、その中にいわば飼い馴らされている。

そして、さし当たり職業とか地位にしばられていない身軽な学生が、身軽であるがゆえに、ある意味で、つきつめて原理的でもある。この場合には就職が決まっている四年生よりも二年生ぐらいが一番積極的である、というようなことになるわけです。それがこのような問題を露骨に見える形で私たちの前に暴露する。今の大学の紛争は確かにこのような私たち人間生活全体への問題提起です。いわゆる父兄というものは、ただ単純に、こういう学生がその社会の中に、ということは、相変わらずそのいつわりの姿を呈している社会の中に素直に入り込んで、そこで職業と地位を得てくれればいいというふうにだけ考える。そしてその学生たちは結局どのようになるのでしょう。わかりません。しかし、そのうち少なからぬものは、二年生が三年生になり、四年生になり、いつかは卒業するようになると、結局は自分らがあの不安から抵抗したそのものの中に、また呑み込まれてゆくほかないのだ、やるだけはやってみたが、というふうに入ってゆく。そして彼らは多少ともニヒリスティックになるわけです。あるいは本人が気付いているよりももっと根本的に深い意味における虚無的な人間になるわけです。そうしてその一生を生き延びてゆくわけです。ですから今の大学の紛争を単純に困ったこと、というふうに、もし私たちが考えるとすると、これは私たちの考えがたいへん浅い、ということになるでしょう。これは私たちに、人間生活の社会における根本的な問題を提起しているわけです。

なぜ、私たちがこういう学園紛争の問題に注目したか、というと、最初にいったように、それは今日の、このクリスマスに関する聖書の言葉、この待降節の聖書の言葉、ルカによる福音書第一章の三九節から五六節を耳にすると、その全体が、今私たちが面しているこのような問題にふれている、と感じさせられるからです。もちろんこれはこの箇所のことだけではありません。聖書全体がそうです。たとえば五一節から五三節までもう一回読んでみましょう。

「主はみ腕をもって力をふるい、心の思いのおごり高ぶる者を追い散らし、権力ある者を王座から引きおろし、卑しい者を引き上げ、飢えている者を良いもので飽かせ、富んでいる者を空腹のまま帰らせなさいます」。

これはあの社会のいつわりについてです。あのいつわりに対する激しい攻撃が今や加えられる、ということです。いうまでもなく、これはマリヤの讃歌の一節であって、イエスの王国を意味します。

さきほどから度々いつわりという言葉、社会の偽善性という言葉を使いましたけれども、いつわりとは何なのか。それは隠された不正義、不公平です。いつわりというのは、いうまでもなく人間に対してです。人間に対して行なわれている、しかし表面はさりげなく、万事そういうことはない、というふうな顔をしているが事実はある、隠された不正義、不公平。あるものが程度をこえて高ぶり、同じ人間のあるものが全くいつまでも虐げられている。そういうことが隠されていて、しかもみんなあたかも正しい人間たちであるかのようなふりをしている、それがいつわりです。

マリヤの賛美の歌、イエスとバプテスマのヨハネの誕生についての喜びの歌というのは、このような社会のいつわりが、もはやそのままにされていることがないという、そういう喜びの歌です。このイエスの母、聖書の中に出てくるマリヤ自身が歌った喜びの歌です。この点、このイエスの母、聖書の中に出てくるマリヤ自身が歌った喜びの歌は、たとえばあの非常に有名なバッハのヴァイ・ナハト・オラトリオ（クリスマス・オラトリオ）のマリヤの歌とは非常に違います。クリスマス・オラトリオの中のマリヤの歌というのは、ほんとうに甘い母親の母性愛の歌です。乳をのんで、かわいい赤ちゃんイエスよ、おねむりなさい、そういうほんとうに甘い、やさしいメロディの歌です。これは一般的母性愛の歌です。しかしマリヤの聖書の中に出てくる歌、このルカの第一章の四六節以下というのは、それとなんと違っていることでしょう。これは私たちのクリスマスというものについてのイメージをも、考え直させるようなことです。

クリスマスというのは、元来意味があってのことなのですが、初代教会においては一二月の冬至の夜に祝われることになりました。それで今、二四日、二五日がクリスマスということになるわけです。しかしそれはいうまでもなく年末で、今の日本ではボーナスの季節です。また歳暮を贈る季節です。そこでサンタクロースということになるわけです。ことに売らんかな、というコマーシャリズム、その騒音の中に私たちのクリスマスの一日は包まれているわけです。しかし真実は、キリストの降誕、聖書の中におけるクリスマスは、ただちにイエス・キリスト、あの十字架の物語へ続いてゆくわけです。私たちは一二月にクリスマスを祝い、だいたい三月の末、受難週、時には四月の初め復活祭、ということになるのですが、聖書においては、キリストの降誕は、あの受難週の事件、また復活祭の事件、それと本当に直線的に、密接に結びついています。ですから同じバッハが、今度はあの三か月後に、受難週によく演奏される有名なマタイの受難曲においては、どんなに、心を打つようにキリストの十字架について歌っていることでしょう。ことにあの有名な最後の合唱、私たちに涙を催させるほど感動的です。そこでは不安な心、という言葉が出てきます。我々の休みのない心、不安な良心、それはただ、あの十字架につけられてキリストのもとでだけ休む、そういうふうにいわれています。ですから、これははたしてそうであるかどうかわかりませんが、ちょっとこんな気もする、ということは、バッハがもしあのクリスマス・オラトリオのマリヤの歌について、もっと深く考えたならば、マタイの受難曲の十字架の箇所で彼が歌ったような調子でもって、マリヤの讃歌も、作ったかもしれない、ということです。

さて、今日のこのルカによる福音書第一章三九節以下の、このキリストの降誕物語なのですが、あらためてここで一つの言葉に注目させられます。それは「祝福」という言葉です。四二節に出てきます。

「声高く叫んで言った、『あなたは女の中で祝福されたかた、あなたの胎の実も祝福されています』」。あるいは「さいわい」という言葉も出てきます。

「この卑しい女をさえ、心にかけてくださいました。今からのち代々の人々は、わたしをさいわいな女と言うでしょう」（四八節）。

祝福とさいわい、このことを私たちはここで知らされます。そして聖書を開く度に私たちはそのことを発見するのですが、今私たちがここで直面するクリスマスの待降節の聖書の語りかけは、そしてそれは祝福について、さいわいについてですけれども、全く私たちの常識をこえています。私たちは祝福とさいわいとについて、いったいどのような概念をもっているでしょうか。さきほど考えたように、私たちは打ち消しがたく、あのいつわりという匂いを放っている人間生活の中で、社会の中で、そういうものを自分たち自身が作り出し、維持しながら、しかもそれに満足しない、つまり不安な心をもって生きています。しかも私たちは、やがてはあのいつわりの生活の中に流されてゆくのではないでしょうか。あるいはあの不安というものがあるがゆえに、いつわりとねばり強く戦うのではなく、不安というものがなまじっかあるがために、それが逆作用を呈して、逆にあきらめが肝心だ、というふうに自分の方から進んで（というとおかしいのですが）、飼い馴らされた人間になってゆく。そして小市民的生活に入ってゆくわけです。

私たちが情緒的に祝福、あるいはさいわいというのは、こういう小市民的な特色を形づくっているものだけです。それは入学、就職、結婚、新しい住い、より多い収入、それから自分の健康と長生きです。これはすべてこのような生活の中で結局流されてゆくことになって、マイホーム主義というのか、さしあたり自分と自分の家族、生活しか守らないようになってゆく時、私たちが「いや、お蔭で恵まれておりまして」というのは、ただこのようなことだけです。もしこういう生活を動物的であり植物的である、と言えば非常にひどく聞こえるでしょう。しかしただ自分自身の求めるものがこういう具合にうまくゆくということであるならば、動物もそうです、それを求めています。ただ自分自身が健康で長生きするということであるならば、私たちは植物と競争しているようです。そして、こういう中では、いわゆる宗教、神といっても、あの自分の入学、自分の就職、自分の結婚、自分の新しい住い、自分の収入、自分の健康、自分の長寿、そういうものを神もまた手伝え、というような調子です。

しかしまさに、このような状態の中から、再びまた、あの学生運動のようなものが出てきます。この不安は究極的には鎮められることがありません。そして、こういう生活は偽っている、それへの抵抗を、まさにこのような生活自身が生み出してゆきます。ですからこういう生活というものは、いずれにせよ、本当の安定した生活ではありません。常に紛争をまき起こす生活です。しかし私の生活は祝福されている、と私たちが常識的にいうこのようなものと全く違った、全く違った祝福、さいわい、それがここに出てきます。これが待降節、クリスマスの聖書のメッセージです。それはどんなに、小市民的な祝福された生活、さいわいな生活と違った姿のところで、生じてきていることでしょう。

それはガリラヤのナザレのいやしいおとめマリヤと、年を取ってもはや望みがなくなった老婆エリサベツ、この世的にいうならば、むしろあの人たちはさいわいではない、恵まれてはいない人々であるという姿を呈している、そういう人々の生活のただ中に、しかし力強く、さいわいが、祝福が鳴り渡っています。いったいこれはどういう祝福なのか、どういうさいわいなのか。私たちが、このような箇所からはじまる福音書全体にすばやく目を通してみる時に、それは私たちの魂をもう一度新しく打つ力強さをもって、私たちに明らかになってきます。それは我々が今や神の前に、あの真実の主なる神の前に立つ人間となるということだ。真実の神の問いかけ、お前はどのように生きているか、という問いかけの前に（深い意味においては審きといってもいいでしょう）、審きの前に立ちうるような人間となることです。

ということはどういうことでしょう。いつわりを突破して、――そういうことがありうるでしょうか。聖書は私たちに驚くべきことを告げます。それはキリストの十字架です。クリスマスの物語はさきほど言ったように、あの受難節の事件に直接的につながっています。キリストの十字架、罪との戦い、そして罪への勝利、克服。それによって私たちが不断にあのお互いの生活のいつわりを突破することへと向かわせられる。それこそ私たちの心の中に植えつけられているあの不安が私たちをしてめざさせるところのものなのである。そのように生きること、あの神の前における自己となってゆくこと、ここにおいて私たちは本当の人間となってゆきます。動物にもあてはまる、植物にもあてはまる、そういう生き方を越えて、我々の、人間という名前に値するような生活がその所で形づくられてゆきます。

とにかくこの待降節の物語は、今の世界で学生運動、大学問題、学園紛争によってもう一度新たに私どもに提起せられているあの問題に対応する、ということは明らかです。そして、いつわりの社会の中に生きていて、私たちはなお不安である、だがどうすればいいのかそれがわからない、そのことに対応する物語であることは明らかです。どのようにするのか、ということを基礎づける、あるいはどのようにやってゆけばいいのか、という道がここに開けている、そういう驚くべき物語であることは明らかです。おそらく私たち自身が、このイエス・キリストの福音というものが、どんなに私たちにとって驚くべき道を開いているのであるか、ということを十分に自覚しないということが、この世におけるいわゆるキリスト教というものを、味を失った塩、もはや輝かない灯、桝の下におかれた光のようにしてしまっているのかもしれません。

最後にエリサベツが言ったこういう言葉があります。

「主のお語りになったことが必ず成就すると信じた女は、なんとさいわいなことでしょう」(四五節)。

主の言、それを信じる。それは成就する。私たちはこのような聖書の言葉の全体の広さを一ぺんに見渡すことができません。あるいはそれが含んでいる深さというものを底まで見通すこともできません。しかし我々に語りかけられる主の言、それを信じる、そうするとそれは成就する。歴史というものは、その中を私たちが歩んでゆく時に、また、初め棒を振って壁にとびかかった時に考えているよりおそらく遥かに長い道程であり、もっと遥かに遥かに、おそらく真剣な、手間をとる、困難な、そしてある意味においては複雑な、しかし、そうであるがゆえに、真実の歩みであるでしょう。そこでかつては元気のよかった人間も、途中で、うつろな虚無的な心を抱いて死骸のようになります。だが歴史はどのようにして作られてゆくのか。その中で、私たちがあのいつわりを貫いてお互いに与えられている心の休みのなさのゆえに、それがほんとうに休みうるところ、あの真実なものをめざして歩んでゆく、ということは、どのようにして行なわれるのか。主のお語りになったことが必ず成就する、と信じる人間はさいわいである。私たちに与えられている思いがけない祝福、さいわい、それを告げる今日の聖書は、こういうふうに私たちに語りかけています。

## 祈禱

天の父よ、待降節に聖書を通して、あなたの福音を聞く機会を与えられましたことを感謝いたします。私たちはあなたのみ言を十分に理解することができないような狭い考えの中に閉じ込められています。私たちはクリスチャンという名前を持った後でもなお、この世的な生活の中で、そのこの世の常識にすっかり踏み固められた習慣的な思考法の中に閉じ込められています。

しかしあなたが私どもに聖霊の助けを与え、あなたがそのみ言を私に語られ、私たちを召される時に、主よ、あなたによって私たちは、その閉じ込められた踏み固められた箱の中から引き出されることができます。そして私たちは本当の祝福を、本当のさいわいを見いだすようにさせられます。その時私たちは死人の中から甦った者のようであり、その時私たちはほんとうの生命の光のもとで自分らしい人間として自分の生活を形成してゆくようになります。その時私たちは初めて力を自分の中に充実して自覚し、また湧き上がってくる生命を経験します。

あなたはいつわりがある私たちの生活の中で、なおそれを突破して主の真実に至るように、そのあなたの真実をキリストを通して、神の言を通して、いつも私たちの生活の中に啓示されます。その主の降臨を私たちは今祝いつつあります。どうか主よ、多くの悩みを持っているこの世界を、そして私たちのこの日本の社会を、そこに住む人々を、私たちすべてを顧みてくださいますように。くり返して私たちに新たに歩む恵みを与えたもう主よ、私たちが今のこの世界の中で、ことに今のこの日本の社会の中で、今一度新しく本当の目標に近づく道の上に歩み始めるように、私たちを顧みてくださいますようにお願いいたします。

主イエス・キリストのみ名によって祈ります。アーメン

（一九六八年一二月八日　待降節第二主日）

（『鈴木正久説教集』日本キリスト教団出版局、一九六九年所収）

**鈴木正久**（すずき・まさひさ、一九一二―六九）千葉県にて誕生。青山学院神学部卒業後、牧師となり、日本メソヂスト碑文谷、亀戸教会を牧会。編集主任を務める『日本メソヂスト時報』で、教会指導層の国策協力を批判した。一九四一年、日本基督教団成立とともに同教団牧師となり、本郷中央教会を牧会。四六年、駒込（現・西片町）教会から招聘され、以後二三年間、ここを拠点に精力的に活動する。六六年には教団総会議長に選出される。六七年三月、「第二次大戦下における日本基督教団の責任についての告白」を議長名で発表。沖縄キリスト教団との合同実現、原爆孤老ホーム清鈴園建設に尽力。万博問題が起こり、まもなく病にたおれ、五十七歳を目前に死去。

## 《時代状況》に語りかけるみ言葉を聞く

加藤常昭は、激動する時代の中で、ひたすら神の言葉の説教に耳を傾けて語り続けた《ドイツ告白教会》の説教を次のように表現した。「切ればすぐになまなましい血が流れ出てくるように思うことがある」。それに対して、「われわれの説教を切ると、むしろ脳髄が姿を表すのではないか」と記す（加藤常昭編『ドイツ告白教会の説教』教文館、二〇一三年）。しかし、鈴木正久の説教には、穏やかな言葉遣いのなかに「なまなましい血」がどくどくと流れているのを感じる。

この説教は、一九六八年の待降節、学園紛争が拡大し、最も激しかった時期に行われた。西片町教会にほど近い東京大学安田講堂は、全共闘の学生たちに占拠されていた。また、わずか二か月前の一〇月の教団総会では、「日本万国博キリスト教館に関する件」（出展賛成）が可決され、教団紛争の発火点となった。鈴木はその総会で総会議長として再任されている。鈴木は、文字通り生命を削る日々の中で膵臓癌を患い、翌年に死去した。

明確な二部構成の説教である。

前半部分では、説教テキストには直接言及せず、ネイサン・グレイザーの論文を紹介する。そしてそれをもとに、鈴木自身が学園紛争について神学的考察を加えていく。前半部の締め括りには、紛争の渦中にありながら、まるで紛争後の日本の精神風土を予見するかのような発言がなされる。「そのうち……いつかは卒業するようになると、結局は自分らがあの不安から抵抗したそのものの中に、また呑み込まれてゆくほかないのだ、……そして彼らは多少ともニヒリスティックになるわけです。あるいは本人が気付いているよりももっと根本的に深い意味における虚無的な人間になるわけです」（本書45頁）。

後半部分では、そのような《時代状況》を目指したテキストからの語りかけに耳を傾ける。ここでハッとさせられるのは、マリヤの賛歌を抽象的で耳に心地よい歌としてではなく、「いつわりの社会」に対する、「イエスの王国」からの「激しい攻撃」の歌として、字義通りに捉えることである。それは、「甘い母親の母性愛の歌」ではなく、「あの受難週の事件、また復活祭の事件」との結びつきにおいてはじめて捉えることのできる歌なのだ。そして、「お前はどのように生きているか」（本書50頁）という問い、神の審きの前に立ちうる人間とさせられることこそが、まことの祝福であると語っていく。

説教の役割は、時代状況に背を向け、身の安全を確保して聖書を読み解いてみせることではない。また、聖書の言葉を軽視し、社会批判の言葉を新聞記事から切り抜いてきて、それを披瀝することでもない。時代状況のただ中で、審きの光のもとで神学的に時代状況を再叙述し、しかもなお、「このイエス・キリストの福音というものが、どんなに私たちにとって驚くべき道を開いているのであるか」を鮮やかにすることにこそ、説教の使命がある。この説教は、そのことをわたしたちに教えてくれている。わたしたちがモデルとすべき、見事な説教であると思う。

わたしたちの道は「長い道程」である。それゆえ「途中で、うつろな虚無的な心を抱いて死骸のように」なりかねない。しかし、「主のお語りになったことが必ず成就する」ことにわたしたちの希望はかかっている（本書52頁）。

《大いなるクリスマス》を待つ待降節の歩みは、わずか四週では終わらない。

# 御名を呼ぶ喜び——待降節を迎えて

橋本ナホ

ガラテヤの信徒への手紙　第四章一—七節

神の御名を呼ぶことは、神の御名を示されることによってはじめてできることだと思います。わたくしは若い頃に無教会の集会に出ておりましたが、その先生は塚本虎二先生でした。塚本先生は結婚後三年にしてあの関東大震災にあって奥様を失われました。その経験を「地面にくちづけするような悲痛な経験であった」と述べておられます。が、その時に先生は神に出会われ、「神は愛なりと知った」と言っておられます。先生の親友に藤井武先生というキリスト教界で有名な先生がいらっしゃいましたが、その先生も前後して奥様をご病気で失われました。藤井先生はその時、「神は義なりと知った」と言われました。わたくしがそのことを聞いた時はまだ若かったのですが、二人の先生が奥様を失われるという同じ経験をなさって、一人は愛なる神を知ったと言われ、一人は義なる神を知ったと言われることを不思議に思いました。その頃はわたくしは信仰がありませんでしたから、奥様を失いそれを神の罰として感じて「神は義なり」と知ったと言われるのはわかるけれども、奥様を失い「神は愛なり」と知ったとはわからない話だなあと思っておりました。その上、神は各人に同じようにあらわれると思っておりましたから、同じ経験をなさって、一人は愛なる神がわかったと言い、一人はまるで反対に義なる神がわかったとおっしゃるのは、わからない話だなあと思っておりました。しかし、御名を知るとは、その人にあらわれてくださる神の本質を知るということであります。一つの神様の御名でありますけれども、神様はその人にふさわしい救いの本質を開示してくださるのです。今はそう思いますし、聖書もそう証ししております。ですから聖書には、

アブラハムの神、イサクの神、ヤコブの神

と記されているのでございます。

出エジプト記にはモーセが神の名を知らされた次第が書いてあります。ご承知のようにモーセはイスラエル人の子として生まれましたが、エジプト王パロの命令によってイスラエル人の男子は生まれるとすぐ殺されるので、母も姉もモーセを助けようと思いまして、アスファルトと樹脂を塗ったかごに乗せてナイル河の葦の間に置いておきました。パロの娘が身を洗いに来て赤ん坊の泣き声を聞き、モーセを発見し王宮に連れ帰り、パロの娘の子として育てました。モーセは当時の文化的教養のすべ

てを身につけ、また乳母としてやとわれたのがモーセの実の母でありましたから、この母によってイスラエル人としての魂を育てられました。成人したある日、イスラエル人とエジプト人とが争っているのを見て、エジプト人を殺して砂の中に埋めました。そのことが発端となって王宮にいられなくなり、遠くミデヤンの荒野に逃れ出てミデヤンの祭司の娘と結婚し、そこで羊を飼っていたのでありま す。モーセが神の名を知らされたのはその時、ホレブの山で燃えるしばの中から語り給う神の声を聞いた時でありました。出エジプト記三章一三節以下を読んでみたいと思います。

モーセは神に言った、「わたしがイスラエルの人々のところへ行って、彼らに『あなたがたの先祖の神が、わたしをあなたがたのところへつかわされました』と言うとき、彼らが『その名はなんというのですか』とわたしに聞くならば、なんと答えましょうか」。神はモーセに言われた、「わたしは、有って有る者」。また言われた、「イスラエルの人々にこう言いなさい、『「わたしは有る」というかたが、わたしをあなたがたのところへつかわされました』と」。神はまたモーセに言われた、「イスラエルの人々にこう言いなさい『あなたがたの先祖の神、アブラハムの神、イサクの神、ヤコブの神である主が、わたしをあなたがたのところへつかわされました』と。これは永遠にわたしの名、これは世々のわたしの呼び名である。（後略）」。

この異国での苦労の中でモーセは神の名を知らされました。燃えるしばしばの奇跡の中で、モーセはしばの如きつまらない存在が燃えないで神によって栄光を放たしめられているということを知らされました。それをなし給う神の名は、「有りて有る者」でありました。原語によりますと、「わたしは存在し、そして存在す。これがわたしの名だ」と仰せになったのであります。旧約聖書のヤハウェという神の名は、この to be（ある）という動詞の変化であります。またそれは、「わたしは有らしめ、そして有らしめる」という意味もございます。たぶんこの二つの意味がモーセに開示されたのでございましょう。「あらしめる」とは、造り主であるということでございます。モーセは自分の変化の多い生活、エジプトの文化の頂点から一朝にして砂漠の羊飼いとなるという不安なうつろいやすい人生を越えて、決して変わることなく存在していらっしゃる神であり造り主である方の名前を知りました。この神の御名を知ったが故に、あの出エジプトという大事業、あのパロの頑固な迫害の中を数十回にわたって交渉したあの強さ、あのせっぱつまった紅海渡渉のできごと、あの同胞にそむかれた不自由困難なる荒野の放浪、そうした困難極まる事件の中で、忍耐し希望をもって耐え得たのであります。

私事をたびたび申して失礼でございますが、わたくしもまた病中に出会った新しい神の御名の故に、神にむかって新しい呼び声をあげることができるようになりました。わたくしが神に呼びかける形容詞が多くなっていることにお気づきの方もあるかと思います。わたくしは病気前は「恵み深き父なる神様」と呼んでいたと思います。今は「恵みと憐れみに富み給う、はかり難き、造り主なる全能の父なる神よ」と、たいへんたくさんの形容詞をあげて呼ばなければ気がすまない気持になっております。それは今まで、愛の神、救いの神として知っていた神のほかに、病中に義なる神の恐ろしさを知り、造り主なる神の、人間にかかわらず神の側のご意志によって歴史を人生を動かしていらっしゃる、神中心の世界を知ったからであります。わたくしは今、申しましたように、「恵みと憐れみに富み給う、はかり難き、造り主なる全能の父なる神よ」と呼びかけると、それで胸がいっぱいになりまして、もうこれで説教の言葉は一言も言わなくてもこれで十分ではないか、というような気持になります。こう呼びかけることによって、わたくしは生命と喜びを感じるようになっております。ガラテヤ人への手紙四章六節で、パウロは、

　このように、あなたがたは子であるのだから、神はわたしたちの心の中に、「アバ、父よ」と呼ぶ御子の霊を送って下さったのである。

と書いております。「アバ」とは親しみをこめた当時の言い方で、「おとうちゃま」とでも言うような言葉ですが、パウロがここで言っていますように、「アバ、父よ」と言えるのは聖霊のお助けによるのであります。「御子の霊」とは聖霊であります。あの厳しい律法の中に生きたパウロが、神にむかって「アバ、父よ」と呼びかけることができるのだという喜びがあふれているのであります。

　ある姉弟がおりました。姉は父にむかって自由に話をしていましたが、まだ少年期の弟は、父が非常に厳格でありましたのでことごとにその厳しさに耐えられず、父はこわい人だと思っていました。

そしてある時、その姉が厳しい父に冗談を言ったり笑ったりいとも親しげに話しているのを見て、どうして姉さんはあのこわい父にあんなに話ができるのだろうか、自分は逃げる一方で父には一言も呼びかけなんかできなかったのにと思ったということを、後にその弟が書いておりました。パウロは、律法の厳しさを要求なさる神、到底「アバ、父よ」と呼びかけることなどできぬ神、その神にむかって「アバ、父よ」と呼びかけることができるのだと、その喜びにあふれています。わたくしたちが、この神にむかって「アバ、父よ」と呼びかけることのできる喜び、それがクリスマスの喜びであると思います。それは四節でパウロが言う通り、

時の満ちるに及んで、神は御子を女から生れさせ、律法の下に生れさせて、おつかわしになった。

からであります。その神の愛を御子の霊が示し給う時に、わたくしたちは「アバ、父よ」と呼べるのだとパウロは感謝に満ち、歓喜して書いています。パウロの「アバ、父よ」と神の名を呼びまつる喜びは、パウロが義なる神を知っていたためであります。ローマ人への手紙七章で、パウロは神のご要求に応えることのできない自分を顧みて、

ああ、われ悩める人なるかな、この死のからだより我を救わん者は誰ぞ。

と言って悩んでいるのは、みなさんご記憶のことと思います。ガラテヤ人への手紙三章一〇節に、

いったい、律法の行いによる者は、皆のろいの下にある。「律法の書に書いてあるいっさいのことを守らず、これを行わない者は、皆のろわれる」と書いてあるからである。そこで、律法によ

っては、神のみまえに義とされる者はひとりもないことが、明らかである。なぜなら、「信仰による義人は生きる」からである。

とあります。パウロが言っているように、律法の行ないの九九パーセントができても残りの一パーセントができなくてはだめであります。一〇節の、

いっさいのことを守らず、これを行わない者は、皆のろわれる。

の通り、神は厳しい方であります。境遇のいい時に、人の目の前でやさしい行ないができたとしても、逆境に立ち至った時に敵を愛することができなければ、その一つのことによって神はわたくしどもを「ノー」と否定し給うと書いてあります。神のその厳しさ、義を、パウロは十分に知っておりました。そしてその厳しい神が、神の側から救いの手を伸べ給うたこと、それを三章一三、一四節に述べております。

キリストは、わたしたちのためにのろいとなって、わたしたちを律法ののろいからあがない出して下さった。聖書に、「木にかけられる者は、すべてのろわれる」と書いてある。それは、アブラハムの受けた祝福が、イエス・キリストにあって異邦人に及ぶためであり、約束された御霊を、わたしたちが信仰によって受けるためである。

と。このように、その律法の義を行なうことができないわたくしたちのために、キリストは十字架におかかりになった、十字架におかかりになるためにキリストはこの世に来たり給うた、それ故に、

キリストがわたくしたちの代りにあがないになり給うたのであるから、キリストによって、神が赦しの手を伸べてくださったのであるから、その神を見上げてわたくしたちは「アバ、父よ」と呼べるのだと、パウロは歓喜と感謝に満ちて語っているのであります。

この神にむかって「アバ、父よ」と呼ぶ喜び、子とせられた喜びこそ、クリスマスの喜びでありま す。このクリスマスの喜び、言い換えれば御名を呼ぶ喜びが与えられるように、御子の霊が与えられるように、祈りたいと思います。この義にして愛なる神を呼ぶ喜びに心が満たされるように、祈りたいと思います。この喜びがさらに深まるように、祈りたいと思います。この御名を呼ぶ喜びからわたくしたちの新しい一年が生まれます。あのモーセが神の御名を開示され、苦難のたびに神にむかって御名を呼んだように、そしてあの出エジプトの大事業も神の御名を呼ぶ喜びに支えられて行なわれたように、わたくしたちも御名を呼ぶものにせられるよう、心から聖霊のお助けを願いたいと思います。

（一九七〇・一二・六）

（『日本の説教Ⅱ10　橋本ナホ』日本キリスト教団出版局、二〇〇六年所収）

**橋本ナホ**（はしもと・なほ、一九〇九―七五）

福岡県久留米生まれ。津田塾専門学校（現・津田塾大学）在学中、塚本虎二の無教会の集会に出席し、卒業後、両親が属していた福岡警固教会で受洗。一九三四年、牧師であった橋本鑑（はしもと・かがみ）と結婚するが、子どもの死産、夫の結核発病、第二子の死が相次ぎ、信仰を失う経験をした。四三年、夫の死去に際して献身を決意し、日本基督教女子神学専門学校に入学、生涯の師となる渡辺善太の指導を受ける。四八年、同校を卒業して洗足教会伝道師となり、翌年、兄・西島正の家の一室で用賀伝道所（現・日本基督教団用賀教会）を開設。五一年に按手を受け、正教師となる。五八年より日本基督教団婦人専門委員会に加わり、後に婦人会連合の委員長となり、日本の女性キリスト者の抱える問題にも深く関わった。

## 聖書の言葉を《生活》しながら語る

プロテスタント教会の代表的説教者を集めた『日本の説教』（第Ⅰ期、第Ⅱ期、日本キリスト教団出版局）には、一二九人の説教者中三人の女性説教者が選ばれている。植村環、羽仁もと子、そして、この橋本ナホである。それを「快挙」と評した人がいる（秋山憲兄「ブックレビュー『橋本ナホ』」『説教黙想アレテイア』60号、日本キリスト教団出版局、二〇〇八年)。橋本は、他の二人のように広く知られた説教者ではなく、一九四九年より七五年の死の日まで、開拓伝道に身を献げた人物であったからである。日本の教会は、このような無数の伝道者たちの説教によって支えられてきた。

神学生時代、橋本の説教を聞きながら育てられた山田京二は、次のように書いている。

「橋本ナホの説教は、生きた説教であった。それはご自分がその聖書の言葉によって生かされたという経験をもとに、その自分が生かされた聖書の言葉を語る、という説教であった。……説教のためだけに、聖書を読むということはしなかったのではないか。いつも自分が生きるために聖書を読まれたのではないか」(『日本の説教Ⅱ10　橋本ナホ』解説より)。

なるほど、と思う。

橋本は、この説教でも、聖書について知識を与えることを目的にしていない。この説教のために原語と格闘したり、注解書と対話したりした痕跡もみえない。ただ、自分の生活の中から聖書に耳を傾け、そこから言葉を紡いでいる。だから「わたくし」という主語が頻発される。説教の言葉に自分を隠すのではなく、むしろ積極的に神の証言者とされた自分を語っている。

たとえば、次の文章である。「わたくしは今、申しましたように、『恵みと憐れみに富み給う、はかり難き、造り主なる全能の父なる神よ』と呼びかけると、それで胸がいっぱいになりまして、もうこれで説教の言葉は一言も言わなくてもこれで十分ではないか、というような気持になります。こう呼びかけることによって、わたくしは生命と喜びを感じるようになっております」（本書62頁）。そうして、その喜びの体験から、パウロもまた「アバ、父よ」と呼びかけるときに、「喜びにあふれている」と想像する。そうして、説教の聴き手を「この神にむかって『アバ、父よ』と呼ぶ喜び、子とせられた喜び……、クリスマスの喜び」（本書65頁）に招くのである。

わたしたち説教者にとって、説教するというのはそのようなことなのかもしれない、とも思わされる。わたしたちは日曜日のためだけに聖書を読むのではない。日々、聖書を生きる。そして、聖書の言葉に生かされ、聖書の言葉を生活するこの「わたくし」が、教会の者たちと生きていく。そのようにして福音がひとからひとへと伝えられていく。地味なことだ。忍耐のいることでもある。けれども、そのようにして神のわざが進んでいくのである。

等身大のままで、居丈高になることもなく、取り澄ますこともなくクリスマスを待つよろこびが湛えられた説教である。「御名を呼ぶ喜び」という説教題そのままに、神の名を呼ぶというそのことに、家族の死という悲しみにも透きとおるまことのよろこびを語ることに集中している。その素朴な明るさが、わたしたちのこころを打つ。

# わが救いの神

澤　正彦

ハバクク書　第三章一七―一九節

この詩はハバクク書第三章一七―一九にある。隠されているが、見出した者には尽きない力を与えつづける神の言葉である。詩人が心の内奥で長い間葛藤し、今望み得たことを植物や動物を借りて淡々と告白調に唱っているこの詩は、私達の心を揺り動かし勇気を与えないではおかない。以下一節ごとに味わってみたい。

私は先ずこの古いイスラエルの詩人が澄んだ眼をもって自己の内外にある絶望と不毛、虚無を植物、動物が育たないと語っている点に、自分の絶望と不毛、虚無を一緒になってひっかけたい。「いちじくの木は花咲かず、ぶどうの木は実らず、オリブの木の産はむなしくなり、田畑は食物を生ぜず、おりには羊が絶え、牛舎には牛がいなくなる……」この経験はこの詩人の生活の周辺が駄目になるというより、むしろ中心が犯されてくるという実感ではないか。半農、半牧のイスラエルの民にとって、木、田畑の産、羊、牛の喪失は致命的であった。この詩人は自分の生活の根底が脅かされ、無にされてしまうことに関して、きわめて深刻な挫折感を味わった人であった。詩人はいちじくの木、ぶどうの木、オリブの木、田畑、おり、牛舎……で一体何を言おうとしたのか。一つ一つに特別な意味があるのか。一まとめに世界、人生の破綻をこのような表現で表わしたものか。詩人はあれはだめであったが、これはよかったというものが残されていない。あれもこれも奪いとられてしまった。彼はその事実を恐るべき冷静さをもってみつめている。ハバククという預言書の中に断片的に組み入れられているこの詩が、本来これ程の深刻さをもって唱われているのかどうかわからない。しかし、「花咲かず」「実らず」「むなしくなる」「絶えていなくなる」とキッパリいう時、それは必ずしも個人的な脆さ、挫折を意味するというより、彼がおかれている極めて不安定な政治状況、弱小民の滅亡寸前の危機状態を意味していないか。イスラエルはエジプト、アッシリア、バビロンへと次々に宗主をかえ、ヤハヴェなる神に信頼して立ちとどまることはもうなくなって久しくなる。不毛、虚無の響きは人間の内面的出来事だけでなく、指導力を失い、信じるものなき政治、社会の混乱、そこから派生する道徳の退廃をも反映しているようだ。

私がこの「いちじくの木は花咲かず」に始まり「牛舎には牛がいなくなる」に終る全滅の歎きに今

日同感し、この言葉に魅せられる理由は、私自身の中にそして私の周囲にこの詩人を囲む状況と同じものがあるからではないか。私自身の中に砕かれゆくものはないか。私達の住む日本、アジア、更に地球村、教会、キリスト教でさえも瓦解してゆくではないか。私達の生活は一生懸命積み重ねても、一夜の中に霧のように消えていくものの上に乗っているのではないか。私達が不安、不毛、挫折、絶望に取り囲まれているのは何故だろうか。誰かが悪いからであろうか。政治がまずいからであろうか。根本的な原因は私達が死すべき存在であるということ、更に罪を犯す存在である点にあるのではないだろうか。私達には厳然として「死」というものがあり、肉体はその死に向って衰えてゆく。平均寿命は伸びたとはいえ、私達は三万日を越えて生きることは稀である。三、三十、三百、三千、三万、私達は指折り数える程の生命しかないのである。然もその間事故死、病死によって実らず、咲かず、絶え、むなしくなることをどれだけ多く経験することであろうか。罪の問題も私達の行き先を暗くする。神の型につくられた人間はもっと神の御旨に従って生きてよい筈ではないか。それなのに我がままに神と人と自分に遡って罪を犯して生きてゆく。なすべきことを知りつつも、なしてはならないことを選んで行ってゆく。「わたくしは何というみじめな人間なのだ」というパウロの告白は私達の日々の告白である。特に「愛する」「許す」「正義を行う」べき時に、「憎み」「復讐し」「臆病に逃げて」生きる。その結果「実らず」「むなしくなり」「絶えていなくなる」のは当然ではないか。私達は私達の内外に破れ挫折した生を過去にもっていたし、今もその傷を引きずって生きている。その現実を「いちじくの木は花咲かず、ぶどうの木は実らず……おりには羊が絶え、牛舎には牛がいなくなる」という言葉に精一杯かけて歎こうではないか。

私がこの聖書の言葉に魅せられる理由は、一七節にある人生と世界に対する深い溜息に同感を覚える所だけにあるのではない。一七節にすぐひき続いて唱われている非常に格調の高い讃美、とびぬけて明るい調べにひかれる点にある。「わたしは主によって楽しみ、わが救の神によって喜ぶ。主なる神はわたしの力であって、わたしの足を雌じかの足のようにし、わたしに高い所を歩ませられる。」この詩人は心の底から喜んでいる。彼は雌鹿があの細い足で軽やかにとびはねるように高い所に生きている。鹿の歩みについて私達は誰も想像できるであろう。

私がこの御言葉との長い対話を続けざるを得ないのは、一七節の不毛と絶望への冷徹な事実確認と一八、一九節の有頂天に近い感謝、喜び、行動がなぜ一つの詩となっているのか。一七節と一八節をつなぐ接続詞がわずか「しかし」という一言であるのかという疑問である。私達は人間の絶望、不毛や虚無を一七節の言葉をもって表現しようとした。そしてそれは誰でもが足もとを正直にみさえすれば告白できる言葉であったであろう。しかし一八、一九の言葉は私達共通の言葉ではない。誰もこれ程の明るさ、軽やかさを自分に備えつけていない。確かにそれでも一七、一八、一九は一連の詩、一人の人の詩として何の不思議もないかのように一つのかたまりをもっている。一七節と一八節の間には大きな断絶があった筈である。その意味で一八節が始まる「しかし」は大跳躍の「しかし」であろう。人間の決心や、やり直しの人生とは異なった神の側から送られた奇跡的な「しかし」であろう。ハバククの楽しみ、喜びは、再びいちじくの木に花がつき、ぶどうの木に実がなり、おりに羊が増え、牛舎に牛が生れたとかいうような小さな出来事に始まったのではない。もっと他の世界からの楽しみ、喜びである。ハバククは「主によって」「神によって」喜び、楽しむという。一体、絶望、不毛、虚無を歎いた彼が今どのようにして「主によって」「神によって」喜ぶことができたのであろうか。私はこの「楽しみ」「喜び」が彼にとってそれ程簡単に手に入れられ、今日一七節を歌いその同じ日に一八、一九節をすぐ口ずさんだとは思えない。恐らく長い人生経験をもち、人間の死、罪、亡びゆく国の姿を目の前にして、ハバククはこのような悲劇、崩壊をくぐりぬけて、死、罪、滅亡の中にあって、これを共に担って下さる神の手をほのかに見たのではないか。然もその神は間違いなく力強く彼のもとに迫ってきたのではないか。実はハバククが歎いた痛ましい敗北、挫折の状況は以前と同じか、或いは一層ひどくなっているかもしれないが、この詩人はこの同じ状況の中にあって、「私は」「私だけは」という信仰告白的な歩み出しを知ったのである。一八、一九節のわずか二節の間にこの「私」が五回も強調されて出ていることに注意したい。千人、万人はあの道を行っても「私は」この道を選ぶ、否、選ばされたという感謝というか、彼個人の告白がここにある。

私はハバククが人生の暗さを澄んだ目をもって淡々と並べ述べ、更に何の大きな断絶もないかの如く、唇も乾かない程の間に、あの底ぬけに明るい神讃美と軽やかな歩みへの感謝が不思議だと言った。しかし今や不思議の秘密が少しわかる気がする。否この秘密こそ聖書を蔽っているではないか。新約聖書を与えられ、イエス・キリストを示されている者には、一七節から一八節の「しかし」をイエス・キリストを通して告白できるのだ。ハバククの預言も恐らく苦難の僕といわれるイエス・キリストを待ち望みつつ、この歌を歌ったのではないだろうか。私達の神は罪と死によって絶望と不毛のどん底にまっしぐらに向っている世界、人生を、神の独り子を犠牲にされることによってこれをくいとめられた。神御自身がこの私達の人生の不毛、絶望、虚無の中に入ってこられ、自らの身に負われ、苦しまれ、十字架の死をもって贖い担って下さった。「主御自身試練を受けて苦しまれたからこそ、試練の中にある者たちを助けることが出来た」（ヘブル人への手紙二章一八節）のである。私達の神は誠に不可思議であるが私達を救うために、私達と一緒になって苦しみ、鞭打たれ、絶望され、あえぎ、十字架の刑死をうけられた。然もこの神の死、神の子の死を通して、神は死と罪の重い扉を打ち破り復活の光へと導かれた。主の甦りこそ私達の絶望と虚無を打ち砕く神の力、働きではないか。私達はこのハバククの詩をもう一度、イエス・キリストを信じる信仰において、大胆に歌うことが出来るのではないか。十字架上にあって苦しみ給う神、そして死をも打ち勝ち給う復活の神を信じることにおいて、「わたし」は「主によって楽しみ」「わが救いの神によって喜ぶ」と歌いたい。この御言葉における「しかし」は私の気まぐれな弁解じみた「しかし」ではなく、神の「しかし」であり、神の肯定、神の愛の攻撃開始である。神なき世界、神なき人生への救いの「しかし」である。神に背き生きる者への神の愛、憐れみ、救いなき者への神の子の派遣。「この人を見よ」である。この神の「しかし」があってこそ、私達の日々の小さい「しかし」が生れるのであって、決して私達の小さい「しかし」の集積が神の「しかし」に届いたのではない。神の「しかし」はひとえにあのイエス・キリストの十字架の姿と復活に示されていることを信じたい。

最後にこの詩人は神の「しかし」に出会い生きながら、そこで座りこんだり、再び重い足どりで歩くことなく、雌じかのように軽やかに高い所をとびまわっていることに注意したい。彼の「高い所」とはどこか。それは驚くことに以前「実らず」「いなくなり」「絶えた」といって歎き、あきらめてきたあの場所、溜め息をついた場ではないだろうか。或いは人々が面倒、足手まといだといって捨てて行った危険な所ではないか。新しい神を発見し、告白した者は、神の「しかし」にアーメンした者として、神の香り、キリストの香りをあの高い所で放って生きるのである。不毛と絶望と虚無にみちた世界を神の高き所として歩く。その時この私には生きる世界、私の眼が以前と全く一変してしまっていることに気づくのである。枯木に新しい芽と花をみ、否定の世界に肯定をみる。不満の多い人生に感謝の生を知る。人への責任転嫁を専門にしていた者が負う喜びを知る。奉仕の場、証しの場が急に開かれてくる。これは他でもないキリストの霊による洗礼を受けた生である。この世の絶望や罪、死の不毛の洗礼ではない。新しい霊は明朗、ユーモア、愛、勇気、冒険、信頼、単純、献身にみちている。私達はこのキリストの霊によって烙印をおされているのである。それ故にこそ、この世の暗さの中にあっても、神の「しかし」を自分の「しかし」に置きかえて唱和しつつ生きてゆく人間になってゆこうではないか。「主によって楽しみ、わが救いの神によって喜ぶ」私達は雌じかのように高い所を歩むのであるから、もう再び絶望と不毛と虚無の荒廃の地に、同じ絶望と不毛の息をもって行くことをやめよう。そして詩人が始めに唱うように、神の「しかし」に照らされ、洗礼を受けた者は、私達の荒地をもう一度未練がましく掘起すことなく、単純にあの罪と死に向う絶望の歌を歌おう。しかし、今度は絶望と虚無の霊をもってあのおぞましい絶望を歌うのではなく、神の確かな約束への信頼において、明るく、あの絶望の歌を歌うのである。何故ならわが救いの神によって喜び、高い所を歩む者にこそ、戻ってはならない元の絶望、虚無、不毛のあり場所がはっきりみえるからである。私達は日々、イエス・キリストにあって救われた神の「しかし」を、自分の告白的「しかし」として唱えながら、今日も明日も生きてゆこうではないか。

（『共助』一九八一年一二月号所収）

**澤　正彦**（さわ・まさひこ、一九三九―八九）
大分県杵築市に生まれる。東京大学法学部を卒業し、東京神学大学に編入。李仁夏牧師の説教により韓日の和解のために働く志を与えられ、韓国延世大学校連合神学大学院に留学。七〇年、金纓と結婚。川崎・桜本教会での牧会を経て七三年から日本基督教団の宣教師として韓国神学大学や松岩教会で働いたが、七九年出国命令で日本に帰った。東京・小岩教会の牧師の時、日曜日の学校行事への出席をめぐり、「日曜日訴訟」を起こす。八九年、胃がんのため死去。著書に『南北朝鮮キリスト教史論』『ソウルからの手紙』『未完　朝鮮キリスト教史』。

## 神の《しかし》に生かされ、明るく絶望の歌を歌う

説教者の言葉は、その説教者の生き方そのものと切り離せない。神はそのようにして、説教者をこの世の《証人》としてお立てになる。この説教者については、特にそのことが言えるだろう。澤正彦は、実に特殊な場所に立たされた説教者だった。

澤は、神学校に在学中に韓国へ留学、川崎にある教会での牧会を経て、宣教師として韓国で過ごした。日本が与えた傷のゆえに、今よりもさらに大きな壁がそそり立っていた時代。しかも韓

国は、朴正熙《パクチョンヒ》大統領による独裁政権下の激動の時代であった。渡韓した七三年は金大中事件の年であるし、大統領出国命令に追われたのは七九年、朴大統領暗殺の数日前のことだった。この説教は、帰国後二年を経た、四十二歳の時のものである。

待降節のみならず、他の期節でもあまり類例のない、ハバクク書による説教である。日常の生活のなかで、澤は、預言書を愛読し、黙想を重ねながら生きてきたのだろう。

三章一七節から一九節までを丁寧に「一節ごとに味わ」っていく説教。説教者が集中するのは、「一七節の不毛と絶望への冷徹な事実確認と一八、一九節の有頂天に近い感謝、喜び、行動がなぜ一つの詩となっているのか」（本書72頁）という点である。そして、その二つをつなぐ「しかし」という接続詞に留まり続ける。しかもそこに、イエス・キリストの十字架と甦りを重ね合わせる。

まさにそこで、この説教者の驚くべき発見を語る。

「最後にこの詩人は神の『しかし』に出会い生きながら、……雌じかのように軽やかに高い所をとびまわっていることに注意したい。彼の『高い所』とはどこか。それは驚くことに以前『実らず』『いなくなり』『絶えた』といって歎き、あきらめてきたあの場所、溜め息をついた場ではないだろうか。……新しい神を発見し、告白した者は、神の『しかし』にアーメンした者として、神の香り、キリストの香りをあの高い所で放って生きるのである。不毛と絶望と虚無にみちた世界を神の高き所として歩く。その時この私には生きる世界、私の眼が以前と全く一変してしまっていることに気づくのである」（本書75頁）。

周囲の状況が一変したから、感謝の歌を高らかに歌えるようになったのではない。そうではなく、「神の『しかし』」があり、「神の肯定、神の愛の攻撃開始」があるからこそ、「絶望と不毛と虚無の荒廃の地」において、新しい歌を歌うことができる、というのである。そして、印象的な言葉が続く。「神の『しかし』に照らされ、洗礼を受けた者は、私達の荒地をもう一度未練がましく掘起すことなく、単純にあの罪と死に向う絶望の歌を歌おう。しかし、今度は絶望と虚無の霊をもってあのおぞましい絶望を歌うのではなく、神の確かな約束への信頼において、明るく、あの絶望の歌を歌うのである。何故ならわが救いの神によって喜び、高い所を歩む者にこそ、戻ってはならない元の絶望、虚無、不毛のあり場所がはっきりみえるからである」。

ハバクク書には、末尾に「指揮者によって、伴奏付き」とのト書きがある。信仰者たちは、「明るく、絶望の歌を歌った」。「神の『しかし』」を知る者は、その大いなる「しかし」に「自分の告白的『しかし』」を重ねながら、絶望さえ、明るく歌いながら生きることができる。なんと偉大な救い、なんと野太い信仰、しかも、わたしたちの信仰の中核を言い表した言葉であろう。

澤が死去したのは、この説教から八年後。五十歳を目前にしていた時である。その闘病と死の記録は『弱き時にこそ　癌を告知された夫婦の日記』（日本キリスト教団出版局、一九八九年）として刊行されている。

# 降誕祭説教

# クリスマス演説　平和と争闘

内村鑑三

天上《いとたかきところ》には栄光神にあれ、地には平安《おだやか》、人には恩沢《めぐみ》あれ（ルカ伝二章十四節）。

地に泰平《おだやか》を出《いだ》さん為に我れ来れりと意《おも》ふ勿れ、泰平を出さん為に非ず、刃《やいば》を出さん為なり、夫《そ》れ我が来るは人を其父に背かせ、女を其母に背かせ、媳《よめ》を其姑《しゅうとめ》に背かせん為なり、人の敵は其家の者なるべし（マタイ伝十章三四、三五、三六節）

キリストのこの世に来り給いしは平和を来たすためであります、しかるに彼が生れ給いてより後千九百余年の今日、この世は少しも平和の世ではありません、今年の今日、日本帝国の議会においては更に軍備拡張を討議しつつあります、アフリカのソマリランドにおいては英人が回々教徒《フイフイ》（イスラム教徒」と戦っております、南アメリカのヴェネズエラにおいては英独の二国が軍艦をもってある要求を迫りつつあります、西インドのハイチにおいても内乱は今済んだばかりであります、ドイツとロシアとは東洋へむけ新たに軍艦を派遣最中であります、世界各国の軍備は月々に増すばかりで減ずるの兆候は少しも見えません、平和を祝すべき今年のクリスマスもやはり戦雲をもって掩《おお》われています。

そうして戦争は国と国との間にのみ限りません、米国において世界の開闢《かいびゃく》以来未《いま》だかつて有《も》った事のない労働者の大同盟罷工《ひこう》がありましてその落着はいつの事か分りません、仏国の南部においては船員の大同盟罷工が行われつつありまして、船は湊にはいったきり動く事はなりません、資本家と労働者との衝突は日々に熱度を高めて来まして、ここに未来の大戦争を萌《きざ》しております、競争と競争、衝突と衝突、これが紀元の千九百二年のイエス降誕祭における文明世界の状態であります。

そうして今眼を転じて階級と階級との争いより個人と個人との折衝と反目とを視ますればこれまた実に惨憺たる者であります、親は子を憎み、弟は兄を責め、弟子は師を売り、同胞相鬩《せめ》ぎ、少しの資財の有る処には必ず財産争いがあり、寡婦がその不義を行うためにその実子を厭うもあり、友に売られてこれを憤り彼を殺さんと忿《いか》るもあり、子はその母の罪のために路頭に迷い、妻はその夫の酔酒のために空乏に泣いています、子を恨む親、親を怨《うら》む子、兄を憤る弟、弟を嘆く兄、一家淆乱《こうらん》、社会紛乱、実に見るに忍びざる状態《ありさま》であります、世は平和どころではありません、鮮血淋漓《りんり》たる戦場であります。

こう考えて来ますとキリスト教はこの世に何の功をも奏しないように見えます、功を奏しないのみならず、キリストが世に降て来て人が彼の福音を信じたからこそかえって争闘が増したようにも思われます　故に世の平和を望む者は度々《たびたび》キリスト教を嫌います、彼らはキリストをもって世の擾乱者と見なします　彼らは安慰を望むに切なるが故にキリスト教のごとき激烈にして深刻なる宗教を斥けます。

しかしながら我らキリストを深く信ずる者は世のこの悲惨なる状態を見て失望致しません、我らはまず第一にこの状態はこれキリストが明白に予言されたるものであることを認めます、キリスト教はもともと安泰を望んでこの世に顕われた者ではありません、これは神の真理であります、そうして世は悪魔の世であります、神が悪魔の世に臨んで衝突のないはずはありません、熱気が寒気と接触する所に雲が起り、風が起り、雨が降るのであります、光が闇暗《くらやみ》に臨む所に薄暮の蒼然《そうぜん》たるのがあるのであります、真理が誤謬に接して争闘のないはずはありません、戦争はこれ救済の臨みし確かなる予兆であります、それればかりではありません、キリストが世に降り給うて以来、争闘は段々と外面的になって来ました、彼は霊魂の城砦でありまして、彼に拠る者には心の中に常に永久の平和があります、殺さるるのは肉体だけであります、焼かるるのは身のみであります、奪わるるのは財のみであります、キリストが世に顕われ給いてより神を俟《ま》ち望む者は心の隠場《かくれば》を得て、霊魂は肉情を離るるを得、それがために剣《つるぎ》をもってしても達することの出来ない「堅き城」を心の中に得ることが出来るようになりました、それでありますからキリストを信ずる者にとっては世の争闘は左程に苦痛ではありません、また彼を信ぜざる者にとっては争闘はかえって彼らをキリストに逐《お》いやる機会となりまして、彼らを救拯の歓喜に導くに至ります、平安《おだやか》は実にキリストの降誕と同時にこの世に臨んだのであります、今はただこの平安を実にせんために種々の戦いが戦われつつあるのであります。

そは吾らの謂《い》う平和とは無事との謂いではありません、平和は神の意志と人の意志との調和であります、神に愛せらるるとの確信であります、直ちに神の霊を我が心に寓《やど》すの歓喜《よろこび》であります、これは実に神より出て人のすべて思う所に過ぐる平安（ピリピ書四章七節）でありまして、神はかかる平安を我らに下し給わんためにキリストを世に降し給うたのであります、我らは平和を世の安逸を望む者がなすように解してはなりません、平和は心の平和であります、身を殺しても得んとおもう平和であります。

もちろんかかる宏大なる平和を神より賜わりたる吾らは決して自から世の平和を乱しません、吾らは争うことがありまするも金のためや財産のためには争いません、我らはまた世にいう権利なるもののために争いません、キリスト信者は無抵抗主義を執《と》る者であります、我が衣を取らんと欲する者にはこれを取らせます、我が金を欲しがる者にはこれを与えます、我らキリスト信者はただ精神の自由のために争います、我らに悪事を強いられる時に争います、真理を蹂躙《じゅうりん》せられる時に争います、無辜《むこ》の迫害を見る時に争います、そうしてかかる争いをなすことをもって我らは大なる名誉なりと信じます。

故にクリスマスが来りたればとて我らは何人とも平和を結ばんとは致しません、悪魔は我らの永久の敵であります、世に正義が全然行われるまでは我らの戦いは絶えません、キリストがこの世に生れ来り給いしは我らの心に人の思うに過る平安を与うると同時にこの世にこの激烈なる戦いを開始せんがためでありました、故に聖母マリアが始めて嬰児《おさなご》を抱いて神の殿《みや》に詣《いた》りし時に老人シメオンはこの児を祝してその母に言いました。

　此嬰児はイスラエルの多くの人の頽《ほろ》びて且《か》つ興らん事と誹駁《いいさからい》を受けん其記《しるし》に立てらる、是れ衆《おおく》の心の念《おも》ひ露はれんがためなり、又剣《つるぎ》汝が心を刺透《さしとお》すべし（ルカ伝二章三四、三五節）

と、イエスをもって平和の記号《しるし》とのみなすは間違いであります、彼はまた戦争の記号であります、彼が世に出てより始めて真個《ほんとう》の義戦なる者が開始されたのであります。

ああ楽しき、楽しきクリスマス、この時に幸福なるホームの基礎がこの地に据えられました、この時に大慈善の理想が地に植付けられました、すべての善きものはこの時この涙の世に臨みました、しかしながらこの時また大責任が人類の肩の上に置かれました、この時から闇黒の駆逐が始まりました、この時から罪悪の大掃攘が始まりました、故に天使は彼の降世を聞いて喜びましたが、悪人ヘロデはこれを聞いて非常に懼れました、この時にすべての圧制は崩れだしました、君の圧制も親の圧制も、資本家の圧制も雇主の圧制も、はたまた労働者の圧制も平民の圧制も、弟子の圧制も、子の圧制もイエスの誕生のこの時に崩れ出しました、即ち嬰児イエスの誕生によって人類の歴史に新紀元が開かれました　新しき平和と新しき争闘とがこの時人類に供せられました、我ら深く人世を稽《かんが》うる者はただ浮気《うわき》にこの降誕祭を祝しません、我らは深き感謝と共に重き責任の念をもってこの佳節を祝します。

（明治35年12月25日『聖書之研究』30号「講演」署名　内村鑑三）

（『日本の説教 3　内村鑑三』日本キリスト教団出版局、二〇〇四年所収）

**内村鑑三**（うちむら・かんぞう、一八六一―一九三〇）
高崎藩士の長男として江戸に生まれる。一八七七年、札幌農学校に入学。同級生に新渡戸稲造、宮部金吾らがいた。七八年、アメリカ・メソジスト教会のM・C・ハリスから受洗。米国留学を経て、九一年、講師を務めていた第一高等中学校の教育勅語奉読式で、勅語の天皇の署名に最敬礼をしなかったことを同僚・生徒たちにとがめられ、職を追われた（「不敬事件」）。一九〇〇年、月刊誌『聖書之研究』を創刊。無教会主義を唱え、毎日曜日の聖書研究会と、『聖書之研究』刊行を中心とした生活を終生続けた。

## 神による《激烈なる戦いの開始》としてのクリスマス

降誕祭は平和の祭りとしてだけ祝われることがあまりにも多い。しかし、そのとき、わたしたちが忘れている言葉がある。

「わたしが来たのは地上に平和をもたらすためだ、と思ってはならない。平和ではなく、剣をもたらすために来たのだ。わたしは敵対させるために来たからである。人をその父に、娘を母に、嫁をしゅうとめに。こうして、自分の家族の者が敵となる」（マタイ一〇・三四―三六）

内村鑑三は、降誕祭の日に、この主イエスの言葉に思いをめぐらす。衝撃的な説教である。説教は次の言葉で始まる。「キリストのこの世に来り給いしは平和を来たすためであります、しかるに彼が生れ給いてより後千九百余年の今日、この世は少しも平和の世ではありません」。そうして、国々の戦い、階級間の衝突、家族同士の争いを具体的に列挙して告げる。「世は平和どころではありません、鮮血淋漓《りんり》たる戦場であります」(本書84頁)。そこに驚くべき言葉が続く。「キリスト教はもともと安泰を望んでこの世に顕われた者ではありません、これは神の真理であります、そうして世は悪魔の世であります、神が悪魔の世に臨んで衝突のないはずはありません、熱気が寒気と接触する所に雲が起り、風が起り、雨が降るのであります、光が闇暗《くらやみ》に臨む所に薄暮の蒼然《そうぜん》たるのがあるのであります、真理が誤謬に接して争闘のないはずはありません」(本書85頁)。

わたしたちは、いったい今、このような語り方ができるだろうか。

一方で、戸惑いがある。教会の信仰は、これと似たしかたで、戦争を正当化するために用いられてきたのではないか。内村は「平和は心の平和」であるとする。しかし、聖書が語るシャロームは単なる個人的な内心の平安を言い表すだけではなく、さらに包括的であり、国家間、民族間、人間関係のすべてに及ぶものではないか。内村のような語り方をしたなら、自分たちは神の側、敵は悪魔の側であるとする、俗悪な自己正当化の論理を提供することにならないか。たとえ一九〇二年の説教であるとしても、もっと丁寧に内村は語るべきだったのではないか。おそらくその疑念は正しい。

しかしもう一方で、心を刺される思いがする。それならば、わたしたちの降誕祭説教はどのようになっているか。内村のように、降誕祭の日、わたしたちの心にマタイ一〇章の主イエスの言葉があるだろうか。わたしたちの祭りは、主イエスが悪魔の力との戦いのために来られたという事実には耳を塞ぎ、結局は、個人的な内心の平安を提供するだけのものになっていないか。わたしたちは次の内村の言葉を、わたしたちなりの言葉で、はっきりと言明するべきではないか。

「悪魔は我らの永久の敵であります、世に正義が全然行われるまでは我らの戦いは絶えません、キリストがこの世に生れ来り給いしは我らの心に人の思うに過る平安を与うると同時にこの世にこの激烈なる戦いを開始せんがためでありました」。「ああ楽しき、楽しきクリスマス、……この時から闇黒の駆逐が始まりました、この時から罪悪の大掃攘が始まりました、故に天使は彼の降世を聞いて喜びましたが、悪人へロデはこれを聞いて非常に懼れました」（本書87頁）。

降誕祭。この世の秩序とは異なる、神の秩序が開始された日である。そこに《戦い》は不可避である。内村の説教から一〇〇年以上が経った。わたしたちは《戦い》を口にすることを忘れてしまってはいないか。それゆえ、「人類の歴史に新紀元が開かれ」た、降誕の出来事を、ホームパーティーと変わらない小さな祝いとしてしまっていないか。

# クリスマス――キリストの待望と預言者　賀川豊彦

汝その名をイエスと名づくべし。己が民をその罪より救ひ給ふ故なり。（マタイ一・二一）

人生のプログラム

イザヤ書第七章一四節の一節が、マタイ伝第一章第一八節以下に出ている。

宗教のうちには、現在の幸福を求めるのみならず、未来に対する憧れが含まれている。そして未来に対する憧れにも、死んで後の未来への憧れと、地上における未来への憧れとの二種類がある。

不思議にユダヤ民族は、歴史的発展の将来に対する憧れを持っていた。そして国民生活はどうなるか、文明はどうなるかということまで考えた。（中略）学校であるなら一年間にする行事がきまっている。個人なら二週間後に何をするか、四年後に何をするかはっきり分からない。況《いわ》んや十年後二十年後に何をするか見当がつかない。ところが不思議に、個人の生活のみならず、民族全体が神の思召しによって生きて行かねばならぬという、イスラエル民族は民族として一つの時間割を持っていた。分かりやすくいうなら、その日その日の稼ぎをしている人には、成長は絶対にない。ただその日を安楽に暮らすことができ、芝居や活動をみたらそれでよいという程度のもので、五年後にはどうするかということをプログラムの中に入れていない。中学を卒業するには五年、大学を卒業するには七年かかるという見当は大体ついているが、それから先は暗闇で、卒業して後、果して仕事があるかどうかは分からない。

しかし、キリストには生涯のプログラムがあった。三年後にはエルサレムへ行き、十字架にかかるという見当がついていた。百五十年前のスウィデンボルグは死ぬ十年程前から、自分は何年何月に死ぬという見当をつけていた。ウェスレーは、スウィデンボルグが不思議な人だからぜひ会いたいと思っていたが、あまり彼が変わった事をいうので遠慮していた。ところが、スウィデンボルグは幻の中に、ウェスレーが自分に会いたがっていることを示されたから元気を出して会いに来い、ここ一年ばかりは忙しいが、それから後はもうこの世にいないということを知らせた。しかしウェスレーがとうとうスウィデンボルグに会わないうちに彼は死んでしまった。スウィデンボルグはキリスト教界における発明家であり、かつそういう霊能を持った人であった。

キリストもそうであった。ユダヤ民族も薄々それが分かった。そしてそれを予知したのが預言者であった。預言者の職能に対して我々は疑ってはならない。天文学者ケプレルは新しい星が出て来なければならぬといっていたが、その通り出て来た。科学の世界においても、預言するとその通り出てくる。植物界でも同じことである。

## 魂の目盛り

あまりに低迷の生活を送る者には分からないが、人類の運命、人類の行くべき道について、正当なる道を踏むものは「斯《か》くなる」と大体見当がつく。ユダヤ民族の不思議なる成長のもとには預言者があった。

無意識状態から半意識状態に、さらに全意識にうつる順序からいうても、全意識に目覚めた者は、半意識の行くべき道が分かる。少し目のついたものが見れば、本能的生活をしている者はかくなる、あるいは無意識生活を送っているものはかくなるぞということが分かる。あまり夫婦喧嘩の過ぎる者は離縁する、くらいのことは我々にでも分かる。政治家長島隆一氏は、何月何日に内閣が変わるということが分かったという。変動には季節があるからその変動の分かる者にはほぼどうなるか予見がつく。

ユダヤ民族は最初預言者を出した。第一は悪い事をする者は審判《さばき》をうけるという預言で、これは大体誰でも気がつく。昔から罰が当たるというてきたが、昔の預言者は、権力者が無茶苦茶をすると、それに引《ひ》き摺《ず》られる傾向がある。（中略）

旧約の歴史を見ると普通の歴史ではない。普通の歴史は王をたてて、王をほめて書いてある。例えば中国の歴史は、王の悪い事は、どんどん省いて書いてある。しかし孔子は悪ければ悪いと指摘して書いた、それが春秋記であって、王といえども仮借しなかった。ユダヤ民族もそうで、ユダヤの歴史の中でほめられている王は四人だけである。アサのごときは善いが少し悪かったと書かれているし、満足によく書いてあるのはヨシヤ王だけである。我々が同様の立場をとらないことは間違っている。権力や金力に負けていては、その国家をも亡ぼす。

我々が聖書を読むのは、川に棒杭《ぼうぐい》が立っているようなものである。川が流れていると水準がよく分かる。古い聖書を読んで何の効能があるかと思うが、水準の目盛りを失ってしまわないことに役立つ。カフェやいろんな刺激物が都会にある。人類の時間割の中に入っていないものがどしどし入り込んで来る。香水などは、何ら人類に貢献しない。我々は、はっきりといい得る水準の目盛りを魂のうちに彫りつけなければならぬ。それをするのが預言者である。しかしそれは第一期の預言者である。エリヤ、エリシャ、ヨエル、ヨナなどは大体審判に対する神からの言葉を預けられた人々で、人類に対する新しい希望は言い得なかった。そして暗黒面のみを見た。

## メシヤの要望

ヨナは、パレスチナのガリラヤのナザレの山腹に生まれた人だった。ニネベへ悪を審くために行って来いと神から命ぜられたが、自分はその任でないと船で逃げようとしたが、その途中海に投ぜられ魚に呑まれて、その腹の中に三日三夜いてニネベの海岸に打ち上げられた。それから彼は神の命の逃れ難きを悟って、ニネベの町はこの堕落によって亡びると言うて回った。幸いヨナの言葉を聞いて改心したためにニネベの町は亡びなかったが、その成行を見るためにヨナは、城門外に小屋を造って住んでいた。神は彼を慰めるために一本の瓜《(ママ)》を生やして影を作られたが、一夜の中に枯らしてしまわれた。そこでちょうどよい日蔭を与えられたと思っていたヨナは呪わしい文句を連発してつぶやいた。すると神は、お前が少しの労苦もしないでできた一本の瓜の枯れた事を惜しむなら神が何十万人の枯れることを心配するのは当たり前ではないかといわれた。おそらくヨナ書を書いた人は、この話の方を重大視したと思う。審判《さばき》しているのではない。神の気持ちは救いたいために心配するのだ。善をなすものを選《え》り出すために悪人を吹き分けられるのだということが、ようやくいわれてきた。この時が預言者の第二期である。

エリヤやエリシャのごとき批判的な圧迫的な神の恐怖を中心にした預言から、神は民族を救いたもうということがはっきりして来た。

その後特にその方に秀でた人はイザヤ、エレミヤ、エゼキエル、ダニエルの四人である。もちろん小預言者のなかにもあるいはゼパニヤ、ゼデキヤ《ママ》、マラキのごとき、ユダヤ民族がもう一度回復し得るという確信を持ったものがあった。が、それでも人々はまだ、イザヤの持ったようなはっきりした愛による人格的の救いについては確信を持っていなかった。第一期は審判の預言者であり、第二期は民族回復の預言者であった。回復の預言はメシヤの要望になった。すなわち救いの王になった。しかし権力武力によって救うという人が多くて、預言者の多くもそういう考えを持っていた。

第三期になって、イザヤ書の四〇章から終わりを書いた人々は、それが非常に深い永遠の回復であり、もうその領域に達すると権力武力が力を失い、愛がその大なる力となり、そこにおいては神みずからが民衆のために悩みたもう世界であるというところまで、はっきりと神の気持ちを意識するようになった。

もちろん人類の意識は上下する。一日のうちでも人間は無意識、半意識、全意識を繰り返して上ったり下ったりしている。で、我々の経済生活もそうで、宗教的だと思ってもいつの間にかだんだんダンスに行ったり、酒を飲んだりするのも、少しくらいは商売のためにいいというようになる。そしてついには無意識になって固結してしまう。何か戦争のようなものがあって刺戟すると気がつく。気がつかないでいた人でも、昔イザヤがこういったというように、だんだん難儀を重ねて行くと分かって来る。

一本の木を見ても、花が咲き、種を持ちその種が落ちる、周期律的に細工がある。要望せられたキリスト時代になって、花が咲き実がなり、それが我々の間に保存せられている。キリストが出現せられるというのは、預言者が花までさぐりを入れて行ったのである。罰もあるが神は罰のみを与えていない。救おうとしていられる。キリストの血を流してまで救おうとしていられる。そしてとうとうキリストまで到着した。ここまで到着すると預言者が要《い》らなくなる。一人歩きできるなら手引きは要らない。病人や子供や老人は手引きが要る。彼らはキリストのいわれた「我名によりて来るもの」である。預言者の手引きが必要である。しかし預言者の一番大なるものも神の国の一番小さいものよりも小さいとキリストはいわれた。花は大きくてもそれきりである。実の一番小さいものにかなわぬ。キリストにつくものは、芥子粒《けしつぶ》のように小さいが、そこに生命を持っている。花は生命の片割れしか持っていない。

### 生命の結実

かくしてだんだんキリストの方へさぐりを入れ、キリストに達して人類の行くべき方向が決定した。人類はキリストのような愛を持たなければ進歩せぬものだと決定したのである。昔は刀を持っていたが少し進歩してサーベルになって、滅多な場合に抜剣できなくなった。その代わり裁判所で何十万人と審いている。

キリストが現われたほんとの意味は、カフェーでクリスマスディナーをして祝うためでない。生命の種というものを預言者がさぐりあて、このキリストの十字架によって世界民族は発展するものだというのでキリストが現われたのである。そして世界の歴史が変わった。

キリストの公生涯は四年であった。三十歳までは大工の職にはげみ、それからの一年間はバプテスマのヨハネと共に行動し、一年は逃げかくれ、人に説教されたのはわずかに一年だけである。ところがキリストは、その一年足らずのわずかの間に大きな働きをされた。それは生命の種を播かれたことである。そして十字架という人類と神との最後の鍵を人類に渡された。人類はこれによって発展するのである。キリストはその生命の結実を一年の間に人類に渡されたのである。

大賀一郎博士は、奉天の近所の泥炭層から何万年前の蓮の実をとって、それを発芽させた。キリストのその十字架の愛の結実により、我々がそれを今日播いても同じように効果がある。いろんな事で圧迫せられ、権力武力で圧《おさ》えられていても、キリストの結実により、過去のすべてが許され、新しい角度を採って人類が回転する。農村も漁村も、国際連盟も教会も、みんなこの愛がないから駄目だ。東北地方へ行くと菊の花を食わしてくれる。実はなくて花ばかりである。実は何億年経っても亡びない。聖書によって何百年何千年経って得たキリストの実を我々は喜び感謝する。

欽明天皇が仏教を採用された頃、ドイツに初めてキリスト教がはいった。イギリス人は紀元四世紀にキリスト教を受けたが、戦争のためにキリスト教は発展しなかったが、イギリス人は三百年間その種を持ちこたえ、それを再びドイツに伝えた。それは紀元六世紀欽明天皇の頃で、その頃ドイツは樅《もみ》の木を拝んでいた。ボニフェスという人はキリスト教になり、愛の運動をしていた。彼らは火を特別におそれていた。月、火、水、木、金、土というのはバビロンから始まり中国に渡り、それが日本にもきた。これは神々の名である。そこへ初めてキリスト教が入って、この宗教がほんとの宗教だと分かった。それまでは樅の木を伐れば祟《たた》ると思っていたのであるが、ボニフェスが伐ってしまったところが祟らなかった。それからドイツは樅の木を拝むのをやめてそれをキリストの降誕の日に飾り出した。ドイツが偶像教をやめたという証拠のために樅の木を飾っているのである。世界の歴史は愛に負けた。愛の運動によってたゆみなく歩みつづけたい。同じ趣旨を持ち、我々は尊いキリストの十字架意識を現代に活《い》かし、我々の胸に宿して進まなければならぬ。

松山に電車を敷くために邪魔になる榎《えのき》があって、それを伐らなければならなかったが、そこに「おそで稲荷」というのがあって、榎を伐ることをこわがって手をつける人がない。そのために電車を敷くのをやめた。ところがそれを聞いた三好という人が祈禱会を開いてその榎を伐ることにした。第二のボニフェスである。榎を伐ったところが、方々から、お障りはないかと、その伐り役をした人の家へ見舞いにきたという。しかしおかげで電車がついたわけである。

愛の宗教がほんとの宗教だと分からなかった。その貴いキリスト愛がとうとうヨーロッパに侵入したが、いまだに疑惑を持ったり信じてみたり、半意識になったり意識をとりかえしたりして、この愛の確信を得られないでいる。「をとめ孕《はら》みて子をうまん、その名をインマヌエルと称うべし」と。神の名は不思議、つまり可能性を持ち、彼は血をもって人類を贖うものだ。我々はこの永遠のクリスマスを持って記念しなければならぬ。

御慈愛の父。
恥ずかしい生活を送るものが、審判をとり除かれ、罪咎のゆるしはもちろん人類更生の原理をはっきり示されたことを感謝します。非常時日本を救い世界を救い、昏迷の全人類を救いたまわんことを。神の国を一日も早くこの世に築かせたまわんことを。キリストの御誕生を回想しつつその十字架によって祈ります。アーメン。

（『雲の柱』一九三三年一二月号）

（『日本の説教Ⅱ10　賀川豊彦』日本キリスト教団出版局、二〇〇六年所収）

**賀川豊彦**（かがわ・とよひこ、一八八八―一九六〇）

神戸に生まれるが、幼少時に両親が死去し、徳島で育つ。一九〇四年、アメリカ南長老教会から徳島に派遣されていた宣教師マイヤースより受洗。直ちに伝道者となる決意を固め、明治学院神学部、神戸神学校に学ぶ。一九〇九年、貧しい人々への伝道と奉仕を行うため、神戸新川に移り住む。労働組合運動に参加し、労働争議の指導、隣保事業に携わるほか、消費組合の設立など、社会事業に大きく貢献。関東大震災に際し、救援活動のため東京に本拠を移す。戦後は日本社会党の結党に関わったが、伝道が自分の本領であるとの自覚は揺らがず、日本基督教団松沢教会の牧師として牧会、伝道に尽力した。

## 《大衆伝道者》としてクリスマスを語る

「当時先生は超大スターで、先生の名を知らない者は日本人ではないというほどの時代であった。『賀川先生来る』というポスターだけで、どこでも総立ちになったように聴衆が押し寄せてきたものである。……話し方がとても面白い。……何の予備知識をもたない人々にもはっきりと分かる。……落語を聞いているうちに、大変な難しい知識をたっぷり味わえるようなものだ」

（『日本の説教Ⅱ10　賀川豊彦』解説、雨宮栄一によって引用された黒田四郎の文章より）。

現代の日本の教会で影を潜めてしまったのは、大衆伝道者である。しかし日本の教会には、中田重治（一八七〇年生）、山室軍平（一八七二年生）、渡辺善太（一八八五年生）など、話術を禁欲することなく発揮し、福音伝道に打ち込んだ説教者たちがいた。社会実践者としての面が強調されることの多い賀川豊彦も、その系譜に属する珠玉の説教者である。

明治期、寺社において盛んに行われた《節談説教》について、関山和夫は次のように記している。「私の説教聴聞には、……一面には話芸鑑賞に似た気持ちがあった。それほど昔の説教は芸能的で情緒あふれるものであった。節談説教とは、言葉に節（抑揚）をつけ、洗練された美声とジェスチャーをもって演技的表出をとりながら、聴衆の感覚に訴える詩的、劇的な『情念の説教』を言う。宗教が理屈よりも感覚であることを昔の布教家はよく心得ていた」（『説教の歴史仏教と話芸』白水社、一九九二年）。

日本の大衆説教者たちの「話芸」のルーツをどこに確定できるのか、わたしはよく知らない。もちろん、米国の大衆伝道者に多くを学んでいるのだろう。しかし同時に、日本文化にすでに「芸能的で情緒あふれる」語り口が存在したのである。彼らは、その語り口を真似たのではないだろうか。「神学的に幼稚である」（熊野義孝による賀川評）と批判されたとしても、多くの洗礼者を実際に生み出したのはこのような説教だった。

説教テキストへの固着を大切にする今日の説教理解からすれば、不思議な説教である。イスラエル民族の「時間割」という観点から「預言者」を紹介し、預言者群像を軸にして「旧約の歴史」を駆け抜け、「キリスト時代」まで素描する。そこで、印象深い言葉が放たれる。「花は大きくてもそれきりである。実の一番小さいものにかなわぬ。キリストにつくものは、芥子粒のように小さいが、そこに生命を持っている。花は生命の片割れしか持っていない」（本書98頁）。キリストは、その「生命の種を播かれた」方である、という。「キリストはその生命の結実を一年の間に人類に渡された」。それは、愛の種子である。そして、「世界の歴史は愛に負けた。愛の運動によってたゆみなく歩みつづけたい」（本書100頁）と話を結んでいく。この間、大衆伝道者の説教の特徴である《トピカ》（つかいまわす話の定石）が散りばめられる。スウィデンボルグ、政治家長島隆一、孔子の春秋記、大賀一郎、ボニフェスなどなど、聴き手をひきつける逸話によって話を動かしていく。

最後の祈りが印象的である。「恥ずかしい生活を送るものが、審判をとり除かれ、罪咎のゆるしはもちろん人類更生の原理をはっきり示されたことを感謝します。非常時日本を救い世界を救い、昏迷の全人類を救いたまわんことを。神の国を一日も早くこの世に築かせたまわんことを」。

世界史を見渡すまことに大きなスケールの説教を大衆芸能のように語る。わたしたちは、この説教者に学ぶべきことが、まだまだあるように思う。

# 朝《あした》の光　上より

植村　環

ルカによる福音書　第一章六七―七九節

ザカリヤというバプテスマのヨハネの父親の歌は、ベネディクトゥスといわれております。諸教会において、いろいろの場合に歌われる歌であります。

この歌が歌われました一番初めの時分、世の中はまことに暗黒でありました。その時分天下をとっていたローマの社会には、人工のあかりが煌々と照り輝いていたでしょうけれど、その統治下にありました諸国の民たちは、暗い谷間の生活を送っていたのであります。それは、物質的の貧困よりもっとずっと恐ろしい精神的のゆがみと衰えというものでありました。

さすがに道徳的であったユダヤ人も、彼らの土地を占領しておりますところの、目にあまるような放縦をほしいままにしておりますローマ人の影響がありまして、精神的にもまことに神のみこころをいためるものがあったのであります。祭司たちは生命の欠けた形式にとらわれておりましたし、またエリート意識に満たされておりました。パリサイの輩《ともがら》は、律法というもの――まことに高い道徳を記したものでありますが――これを固定化いたして、血のかよわないものとなしおわってしまっておりました。で、律法が民衆の重荷になっておりました。時の愛国者をもってみずから任じております激しい人々は、いつも叛乱を企てておりましたし、また比較的おだやかな人々は、いわゆる見ざる、聞かざる、言わざる式になっておりました。盲従《(ママ)》のうちにあえいでいたわけであります。

心ある人々は、ひたすらに全能の神に祈って、あしたの光、朝の光を待ちのぞんでおりました。ザカリヤの歌は実に預言であります。「神が必ず、朝《あした》の光を望ましめ給う」と発表しているのでありま す。朝と光と上、この三部に分けて考えてみたいと思います。

「朝」は一日の起首、出立点であります。朝がなくて一日がありません。イスラエル人は、長年にわたって、預言者の言葉にありますこういうことを言っていたらしゅうございます。「斥候《ものみ》よ、夜は何の時ぞ」。これはイザヤ書の二一章（一一節）にある言葉でありますが、上から下までイスラエルの人々は、このことを口ずさんでいたらしゅうございます。これを問い、そして空をあおいで嘆息しながら待っていたようであります。そして代々の預言者は「確かに朝は来る」と答えてきたのです。イザヤやエレミヤの記しました待望の言葉を、私どもは今でも、深い感謝をもってうけとります。

私の母が死の床に横たわっていました時に、眠られない夜をどんなにわびしくつらく思ったかを、私は覚えております。その枕辺の紙きれに記してあった数首の歌の中で、こういうのがありました。「くだかけ」——鶏《とり》のことですね——「くだかけの　あしたの告げを待ちわぶる　病《やま》ふの窓のしののめうれし」また、「とこしへの　しののめほのと見えそめて　夜半のたたかひあとかたもなし」。

こういうようなことは、実感であったにちがいありません。朝《あした》をつげる鶏《とり》の声、空をそめる東雲《しののめ》、何とうれしいものでございましょうか。病人ばかりでありません。私ども健康人も、朝のくるのは大変うれしいことであります。暁の明星、朝の空気のさわやかさ、白玉光る草の葉。気味の悪いくらやみが次第にしりぞいていきますと小鳥がさえずり始めます。

主ご自身が、「われはあかつきの明星なり」とおおせておられることを私どもは知っております。罪意識に悩み苦しんでいる者どもは、罪の赦しという朝を頂戴するのであります。サタンの桎梏《しっこく》に苦しんでおりました者たちに、自由な神の子となった霊界の朝が来るのであります。この朝こそは、ベツレヘムの馬ぶねにお生まれになりました、イエス・キリストがもたらしてくださいましたまことにくすしい霊界の出来事でありました。

けれども、暗闇というものの中に不健全な宴《うたげ》を楽しみ、そしてそれにほうけている人々もあります。こういう人々にとりましては、朝は厄病神のように思われるでありましょうし、また罪の意識をひたすらおさえつけて知らない顔してる者たちにとりましても、朝というものは迷惑な到来であるかもしれません。

日本には、パウロのような、またマルティン・ルターのような、「ああ我悩める人なるかな」と良心的な叫びをあげる人が少ないようであります。何となく、自分の生命のむなしさというものを覚えて、生命を自分で断つ人もあります。また歴史には、この世のはかなさ、生命のむなしさというものを覚えて、出家、遁世した人も多くありました。けれどもパウロのように、「この死の体よりわれを救わん者は誰ぞ。我らの主イエス・キリストにより神に感謝す」（ローマ七・二四—二五）とおたけびの声をあげる人は、日本にはきわめて少なかったのです。

朝というものは罪・咎のまっ黒い雲の消散を意味するのであります。主イエス・キリストが万人の罪咎をご自身の十字架の上に集めて、これをご自身のものとしてお苦しみになった。そして、すべての人の罪咎が、ここに清算されたということ、これが闇がすぎて朝が来たというところの、霊界のまことに不思議な大事実であるのです。

次に、「光」といっております。朝は必ず光をもって来ます。光にはいろんな方面があります。光はきたないものの真相を暴露します。光の下におかれましては、罪悪はまかりとおりえません。かびもバクテリヤも退治されてしまいます。光は、健康をもたらします。新しい呼吸運動、血管の働きをうながします。

主イエス・キリストによって罪を赦された者の将来は、光の中の生活なのであります。今日、洗礼をうけられた方々は、これからイエス・キリストという光のうちに歩み、息づくお方たちであることを、自分で覚えていただきとうございます。これが、新しい生命であります。私どものつぶれたような眼《(ママ)》が開かれて、明らかにものを見るようになる。私どもの救いが、ただに罪をゆるされたというところに止まらない。どんどん進展していく。新しい生命がだんだん大きくなり、ひろがり、高まり、深くなっていく。これがキリストにある生命。新しいいのち、光のもとにあるところの生き方でございます。パウロは申しました。「今より後、我肉によりて人を知るまじ、かつて肉によりてキリストを知りしが、今より後は、かくのごとくに知ることをせじ。人もしキリストに在らば、新たに造られたる者なり、古きはすでに過ぎ去り、視よ、新しくなりたり」（Ⅱコリント五・一六―一七）。

急に私どもが昔の欠点をすっかり払いおとしてしまい、急に私どもが前にできなかったことを、できるようになると私は言ってるのではありません。だんだんに、主イエス・キリストの生命《いのち》によって私どもがかわっていくんです。だんだんにかわっていくんです。それでいいんです。ある人々はいちどきにかわる。そういうこともありうるのです。けれどもおおかたの人々は、次第にかわっていく。それでよろしい。自分が急にかわったという自覚がないから、「私は偽の信者じゃないか」というような失望におちいることはありません。長い目でキリストは見てくださる。キリストは忍耐強く私どもを見守り、そして私どもを勢いづけ、私どもにご自分の力を与えてくださるのでございます。

古きはすでに過ぎ去った。自分によって生きていた古きは過ぎ去った。これからはキリストによって生きる。これが新しくなるということであります。このことはコリント人への第二の手紙の五章の一六、一七節に書いてあります。キリストにある生活、キリストにつらなる生活、これはどういうことであるか。キリストをめざし、キリストにより、キリストと共に、キリストのために生きていくというこの動機が、まじめに皆さまのうちにあり、そして本当に皆様が、そのことをキリストの前にお祈りになるならば、必ずだんだん、その願いは皆様のうちに事実となって現われてくるでしょう。

私どもはキリストにつらなるもの、キリストを首《かしら》とする体なる教会につらなっている肢であります。このことを片時も忘れてほしくありません。教会の肢であるということはそんなに大切でないと思ってる方があったら、これは大間違いであります。私は自分一人がキリストとつながっているんだから、それでいいとおっしゃる方がありましたら、それは大変な傲慢な言葉であります。むろん私どもは、ひとりある時もキリストにつらなっております。私どものうちに、それぞれのうちにキリストの血がかよって来ます。しかしながら、キリストのみ心は、キリストの体なる教会のうちにあって私どもが養われ、相互いに助けあいながら、キリストを仰ぎ、キリストに仕えることを求めておいでになることを、どなたも忘れてほしくない。ことに今日、バプテスマをお受けになった方が、このことを覚悟していただきたいと思います。

パウロが言いましたように、私どもが新しくなりますことの最も著しい証拠は、これからは判断がちがってくることであります。価値判断がちがってくることであります。判断の基準がかわって来たからです。キリストが私どもの判断の基準だからです。キリストのみ心に従わないことが、最も恐ろしいことになります。自分一人の生活についても、私どもの愛する人々の生活についても、私どもはひたすらにキリストの基準が行なわれることを、乞い願い求めるのです。日本の国について、世界について、今の状態ではならないことを、私どもはもっともっと痛感するようになるのです。ただにこれをとがめるのではありません。悲しむのです。キリストの十字架を負いたもうように、私どももキリストと共に、世の罪を苦しむことであります。むろん私どもは、世の罪を背負うことはできません。私どもは贖いをすることはできません。けれどもキリストが、どんなに世の罪を痛み、悲しみ、苦しみたもうかということを、私どもは深く思いやることはできます。そして私どもが、キリストの手足となって、キリストが人を救いたもうために、何かのご用をつとめることができるはずです。これは決して偉いことではありません。当り前なことです。

私どもは弱くてつまらない者たちであり、聖書のたとえにあります一タラントくらいしかもってないものたちが多いです。自分は一タラントの者だと思う方が愛らしい考えと思います。二タラント、五タラントなんて人はめったにないのです。けども、この一タラントが大変な財産です。霊の財産、キリストにお仕えすることができるところの私の手段、私はこれをもってキリストにお仕えできます。誰でも一タラントはもっていると、このようにキリストが、私どもにおおせになっていらっしゃると私は信じております。

第三に、この朝のなぐさめ、力、光によるところの新しい生命は、地からわいて出るのではない、「上」から来るんだということです。

キリストにある生活は、地平線の上をあっちこっちと走りまわる生活ではないのです。むろん私どもはこの地上の生活を営んでる者でありますから、地球の上のことはすべて私どもの関心事であります。この地上に住んでる人々は皆私どもが愛し、そして彼らとともに、キリストの救いに入りたいと願ってるところの、私どもの関係の深い人たちであります。けれどもキリストの祝福はこの地上から湧き出たものではありません。天から来たものです。上から来たものである。キリストというお方は、上からいらしたお方です。私どもとは素性が違う。上から来た方であるから、全人類の罪をご自分のものとなさることができたのであります。

で私どもは信仰告白のうちに、キリストを全き神、そして全き人と申しあげております。両方であられるから。キリストは天から来たり天に昇られたお方、永遠の昔から神のうちにおられた神の御独り子であります。私どもが尊敬しておりますトルストイとか、ガンジーとかいう人たちは、地上を歩みたもうた聖い御方なるイエスを、崇め愛し、そしてそのみ教えを実に丹念に守った人たちでありました。しかしながらキリストのうちに、天にのぼりたもうた御方、そしてはじめに天から来たりたもうた御方ということを、この私どもの尊敬する人々が認めたかどうか、私は存じません。

私どもは、私どもの救い主なるイエス・キリストは天から来られ、そして天に昇られたお方であるということを信じております。すなわち、キリストは私どもの統治者であられる。厳しい統治者であられる。私どもはキリストの御目を逃げることはできません。常にその前に私どもはおかれていることを忘れてはなりません。したがってキリストは審判者であられることを堅く信じて畏れています。

私は、キリスト者がイエス・キリストのことを甘いような見方をするのがいやでたまりません。イエス・キリストは、恵み深い御方、罵られて罵りかえさず、打たれて黙しておいでになった。それは救いのためでありました。けれども主は統治者であり、審判者であられて、私どもがキリストの統治とキリストの審判を恐れないで、いい気になって、あぐらをかいてるような生活を送りますならば、これは大変な無礼である、不届きなことである。これは、私どもを滅びにさそうものであることを、私どもは深く考えなきゃなりません。

主イエスはむろん馬ぶねにお生まれになったほど、謙遜なお方であります。枕する所のなきほどの生活をお送りになった、心低くされたお方である。あの十字架の恥と苦しみは、私どもの救いのために、極みまで味わわれたのでございます。盗人をもキリストはその御救いに入れて、将来をお約しになりました。しかしながら、私どもは主が必ず全人類を審くために来たりたもうことを、信じなければならない。キリストはいと高き所に昇り、そしていと高き所にいまし、そしていと高き所より来たりたもう。

どうぞ今日、受洗をなさいました方々が主に近づき、主に親しむと同時に、主を畏み、主に対して無礼なことがあってはならないです。そしてまた全人類がこのおどろくべき統治者、この審判者をおろそかに思っている今の世の状態、これは本当に悲しむべく憎むべきものです。

しかしながら私どもは、主が彼らを愛したもうことを知っています。私どもも彼らを愛しなければなりません。私どもは主が愛したもうが故に、彼らを愛さなければなりません。ただ、肉親であるが故の愛より、もっと深いもの、救い主が愛したもうが故に私どもは、私どものまわりの人々を愛するのであります。私どもとても決して立派なものではないんです。彼らと同じです。彼らより悪いかもしれない。ある者は彼らより悪いです。よく、クリスチャンが世の人よりもっといいかと思ったら、全く失望したなんておっしゃる方があります。

私どもは世の人よりいいんじゃありません。ただ私どもは新しく生きた者たち、キリストにつらなって生きる者、キリストの生命が私どものものとなる、この約束をいただいて日々《にちにち》、刻々、キリストと共にありうる境涯に入った者であるということを、私どもはクリスマスの一番ありがたいこととして今日お祝い申す次第であります。

聖なる御神。どうぞ今、バプテスマを受けた者たちとともにここにおります一同が、私どものために罪深き世にくだり私どものうちに住み、私どもの罪をにないたもうたお方を、感謝と讃美と懺悔をもって、仰ぐことができるように、そして、天にいまして今その聖霊を私どもの内にくだし、聖霊において、私どもと共にいますところの御方を仰ぎ、その統治の下にすなおに身をおくことができるように、その審判のもとに己れを見出すことができ、そして御救いを常によび求めることができるように、また私どもの愛する者たち、この日本の者たち、世界の人たちが、皆主イエス・キリストにおいて、新しい生命をうける時が来たりますことを、ひとえに願います。

どうぞその時のために私どもをもお使いください。あなたの御働きに、少しでもお手伝いができることを、心からねがうのでございます。

主イエス・キリストの御名によってこれをききあげたまえ、アーメン。

（一九六九年一二月二一日、聖誕節主日朝礼拝）

（『日本の説教10　植村　環』日本キリスト教団出版局、二〇〇四年所収）

**植村　環**（うえむら・たまき、一八九〇―一九八二）

植村正久の三女として東京に生まれる。女子学院在学中の一九〇五年、富士見町教会で父正久より受洗。一七年に結婚した夫は二年後に死去、その後も妹、息子、父を失い、母の促しで伝道者となる決意を固める。留学先のエディンバラ大学神学部で学位を取得し、帰国後、三〇年に自宅で聖書研究会を開始。これがのちの柏木教会となり、七三年に引退するまで、この教会の成長発展に心を注いだ。各地の開拓伝道、他の人々の伝道支援にも積極的に携わる。戦後は原水爆実験禁止をはじめ、キューバ危機、米国による北ベトナム爆撃などに際してアピールや要請を活発に行い、世界平和のためにも尽力した。

## 《魂への配慮》としての説教

『日本の説教10　植村　環』の解説を記した久保義宣は、彼女の説教について次のように記す。

「その特長は苦しむ者と共に苦しみ、悲しむ者に深く同情を寄せ、また喜ぶ者と喜びを共にして、そのようにして人の心のひだに飛び込んで、人がどこに疑問を抱き、どの点で逡巡するかを心得て、その人の戸惑いを取り除き、神への信頼へと誘い、キリストの救いを求めさせ、遂には洗礼を受けて主とその教会に仕えさせる伝道者、牧会者の秘訣を心得ていたところにあったのではないだろうか」。

この説教にはその「特長」がよく表れている。

植村環は、説教の導入部でこう語る。「心ある人々は、ひたすらに全能の神に祈って、あしたの光、朝の光を待ちのぞんでおりました。ザカリヤの歌は実に預言であります。『神が必ず、朝《あした》の光を望ましめ給う』と発表しているのであります。朝と光と上、この三部に分けて考えてみたいと思います」。明確な、しかも典型的な《スリー・ポイント説教》である。

《スリー・ポイント説教》とは、説教テキストから三つの要点を抜き出して、ひとつずつ説いていく形式の説教であり、それぞれ異なる三つの鍵語や命題をもとにした《小説教》を並べていくことになることが多いが、この説教はまさしくそうである。

説教テキストに直接言及しているのは導入部だけである。説教全体を見通しても、「ザカリヤ」の名前はこの導入部に二度出てくるだけである。むしろ、説教で取り上げられる聖書箇所は、イザヤ書、ヨハネ黙示録、ローマ書、二コリント書、そして、福音書のタラントのたとえなど多様である。この説教は、説教テキストであるルカ一・六七―七九を語ることを目的にしていないのである。そうではなく、テキストから説教者が取り出した「朝」・「光」・「上」という言葉を題材にしながら三部構成の説教をしている。かつてはよく採られた方法ではあるが、固有のテキストに密着して語る《講解説教》に重点が置かれている現代の説教学の教室では、落第点をもらうことになるかもしれない。

しかしそれなのに、わたしは強く心をひかれる。わたしは、この説教が好きだ。

七十九歳の植村環の声が聞こえてきそうな独特な文体。しかも、植村は、自分の体験、自分の思いを隠さない。「私の母が死の床に横たわっていました時に、眠られない夜をどんなにわびしくつらく思ったかを、私は覚えております」（本書107頁）。「私は、キリスト者がイエス・キリストのことを甘いような見方をするのがいやでたまりません」（本書113頁）。しかも、「私ども」という主語を繰り返しながら、信仰の導きをしようとしている。植村は、説教テキストから離れるという禁じ手にうったえてさえ、「人の心のひだに飛び込んで、……神への信頼へと誘い、キリストの救いを求めさせ、遂には洗礼を受けて主とその教会に仕えさせる伝道者、牧会者」として語っている。この日の礼拝で洗礼を受けた人たちに、こう語りかけるところなど、その代表的な部分だろう。「どうぞ今日、受洗をなさいました方々が主に近づき、主に親しむと同時に、主を畏み、主に対して無礼なことがあってはならないです」（本書113―114頁）。ここに、植村環の牧会者の情熱がよく表れている。

降誕祭の出来事を、説教者が身につけた平易な言葉で、自由に、しかもひたすら聴き手のために語り直していく。

不思議な魅力を湛えた説教だ。

# 降誕のおとずれ

福田正俊

ルカによる福音書　第二章八―一四節

一

最初の降誕節ともいうべき夜、野宿していた羊飼いたちが「非常に恐れた」（ルカ二・九）ということがしるされています。「非常に恐れた」というこの言葉は、降誕節の夜にふさわしくない、場ちがいの言葉ではないでしょうか。クリスマスの宵、われわれが食卓に飾りつけをするとき、蠟燭の灯《ひ》をともすとき、こんな恐れにおそわれ、戦慄するということがあるでしょうか。だが、マリヤは降誕の前触れに接したとき、「恐れた」としるされています（ルカ一・二九、ルター訳では「ひどく胸騒ぎがした」）。降誕節にこのような真剣な恐れにおそわれている人が今日何人いるでしょうか。カトリック教国ではカーニバル（謝肉祭）というものがあって、大騒ぎするようです。われわれの周囲をみても年々歳々祭りが繰り返され、学校にさえ祭というものがあります。これは滑稽なことです。しかし、降誕節はそれと完全に区別されねばなりません。この日、あの恐れを感じているかどうか、少なくともこの恐れを理解しているかどうか、このことがわれわれが真に降誕節を祝おうとしているかどうかの岐れ目、試金石であります。「生ける神のみ手のうちに落ちるのは、恐ろしい」（ヘブル一〇・三一）という言葉を想いおこします。

しかしこの恐れは、少数の預言者や神学者の恐れにとどまらないということに注意しなければなりません。それは、野宿して、羊の夜警をしている羊飼いのような素朴な労働者をも襲うところの「恐れ」です。この戦慄と畏怖は、われわれのような単純な信仰者でありたいと願っている人びとでも感じねばならない恐れです。

## 二

羊飼いたちはいったい何を恐れたのでしょうか。彼らが、深い夜の沈黙のなかにいたということはたしかです。私は砂漠の夜は知りませんが、彼らの頭上には、限りなく深い夜空がひろがっていたはずです。パスカルの、「限りない空間の永遠の沈黙が私を怖れさせる」という言葉は有名ですが、じっさいわれわれを無にも等しいものにする深淵のような空間や、われわれを飲み干していく無情な時間は、われわれを恐れさせるのに十分です。しかし、「想像するだけで疲れはてる」とパスカルがいった空間のひろがりが、これらの羊飼いを恐れさせたのでしょうか。あるいは時の空しさによって有限性を感じたのでしょうか。そのようなものが羊飼いを恐れさせたのではないということも、明らかであります。

昔ダビデは、獅子や熊から羊の群れを守っていたということがしるされていますが、おそらくそれが羊飼いの役目です。羊飼いは突然このような危険な気配を感じて、異様な戦慄を感じたのでしょうか。だがそのような恐怖でもありません。

私はもうひとつの恐れをつけ加えておきたいと思います。それはこのごろよく耳にするところの実存的恐れというものです。それは、「自分についての恐れ」です。われわれ自身が痛みやすいこと、脆いこと、われわれの若さや幸福はもとより、われわれ自身がこわれやすいということに対する恐れです。私自身にも自分が老いていくこと、日に日に力が減退していくことに対する不安がある。われわれには孤独に対する恐れもあります。人から相手にされず、どこにもいないかのように無視されるのは恐ろしいことです。また現代に対する恐れもあります。恐るべき原爆で人間がどうかなる前に、われわれの人間らしい生活そのものが不可能になりつつあるのではないでしょうか。精神の秩序は解体し、自己は分裂し、欲望だけが生きまくる社会となり、すでにいたるところで人間同士のかくれた戦争が行われています。人類がこの結果を刈りとったとき、どうなるでしょうか。じっさい、われわれには、時代に対する恐れや、人間の将来に対する恐れがあるのですが、しかし羊飼いたちを襲うたものは、この種の恐れでもありません。

三

降誕節における恐れは全く別種のものです。私は一例を借りて述べます。夜行性の動物は突然強力な光線に照らされるとあわてふためきます。穴居人間を考えてみてもよい。闇になれた人間が突然光に出会うと、不安になります。以上は不完全なたとえですが、しかし降誕節の光は、すべての人が予想できない、不意にさしこんでくる光であり、実際それはイエスの母マリヤさえ全く予想もしなかった、そして全く理解できなかった知らせでした。われわれもクリスマスを迎えるにあたって、もう分っている、それはわれわれにはなじみ深い事柄だというようなことを簡単にいってはなりません。おそらくわれわれの間には、すでに何回も、あるいは五十回以上も、降誕節を祝った人がいるかもしれません。だが「もう分っています」というようなことを決して言ってはならない。今年はじめて聞くかのような驚きと恐れとをもって聞かねばならない事柄が告げられています。われわれは降誕のおとずれを聞くたびに、いつも初めて聞くかのように謙遜に耳を傾け、そしてマリヤと同じように「み心が成るように」と言わねばなりません。

あるいは反対に、降誕節のことなど自分にはいっこう関係がない、わたしは仕事に忙しいんだ、わたしは世俗の人間で、この世のことに忙殺されているのだという人がいるかもしれません。さらに進んで、自分は現実的で非宗教的な人間で、関心はないと言いはるかもしれません。しかしながら、降誕節の場合、信仰があるとかないとかいうようなことは全く問題にならない。宗教的・非宗教的ということも関係がない。『すべての民』にとって全く新しいこと、そして誰もがはじめて聞くかのように耳を傾けねばならないことが告げられています。これが、「今日、あなたがたのために——この世の子だと自任している人びとのためにも——救主がお生まれになった」（二・一一）というおとずれであります。

四

そこで私共はこの「おとずれ」に積極的に耳を傾けてみたいと思います。

「今日ダビデの町に、あなたがたのために救主がお生まれになった。」（ルカ二・一一）

この知らせが誰かの誕生に関する報知であるということは明らかであります。まずこの「生まれた」という言葉に注意をむけます。「生まれた」という言葉が、ひとりの人間の誕生を告げる知らせであるということは明らかです。降誕節はいうまでもないことですが、一人の母親からの一人の人間の誕生を意味します。それはわれわれと全く同様に、生きることに伴うあらゆる労苦を負わねばならない、疲れもし、生活の責任も引きうけねばならない、そして錯綜した人間関係にもかかわらねばならない、ひとりの真正の人間の誕生を意味します。キリストは、たんに「人間であるかのように」、宙に浮いたような、上滑りした生活を送ったのではない。生存の重みをズシリと担《にな》った生活を送らねばならなかったのです。ヘブル書が、「彼はあらゆる点において、われわれの兄弟となった」（二・一七）としるしているのは当然で、彼は神の被造者である人間に本来属する、いっさいの有限性も労働も責任も避けられなかったのです。

それだけではない。私は次のような文章を読んだことがあります。スイスのある村に、藪の生い茂った小川のほとりに、ちょっと物凄いところがあった。こんな場所にジプシーの群れがやってきて、よく野営するものです。いつもよりも早く冬の訪れがやってきた或る年のこと、ジプシーの母親が、その小川のかたわらに張ってあった天幕の中で子供を産んだ。そしてある朝、突然きびしい寒さが襲い、零下二十三度にも達した。このことを報告した人の書いたものによると、この突然の寒波のために凍死した子供が、藁の台の上に、そして鞍蔽いの下に寝かされていました。これも一人の人間の誕生に相違ありません。しかも極めて貧しい誕生といわねばなりません。イエスも旅の中で生まれ、飼葉おけのなかに寝かされ、それはまことに貧しい誕生でした。そして二歳以下の子供がことごとく殺されるという危険の下にもあったのです。

　しかし、母親から子供が誕生するということは、日本国中どこの産院に行っても毎日見られる日常のことで、何ら驚くべきことではない。たとえ貧しい誕生であるとしても、それだけのことなら、羊飼いの群れはまだあの恐るべきことを聞いたわけではない。降誕節はまぎれもなく人間の誕生に関することですが、同時に、それ以上のことを意味しています。

　端的に「あなたがたのために救主」が誕生したと記されていることに注意しなければなりません。「救主」という言葉の元の意味は、「救助者」、「解放者」ということです。分りやすくいえば、われわれのもとに、神自身の助けや自由を運びこんでくる方、すなわち、神の守りや真実や力の贈り手・届け手が救主です。よく理解していただきたいのですが、どこかに神の助けがあるというのではない。また単に天の高いところに神の助けがあるそうだというのでもない。神が頭越しに手を伸ばしてわれわれを助けるというのでもない。全くそうでなく、事柄はこの地上のことです。決して河の向う側のことではない。まさに河のこちら側に神ご自身が来りたもう。神が現実にわれわれの側に立って、われわれの同類・われわれの仲間となりたもう。そしてあの凍死した子供の同類ともなり、われわれの重荷にも危険にも苦しみにも、そして死にも参加したもう。神はご自身に誠実で、その主権を他にゆずりたまわぬ、聖なる方ですが、同時にその自由をもって、われわれの仲間となり、一員となりたもう。すなわち、現実にひとりの人間となりたもう。このことが、イエス・キリストにおいて生じたということ、すなわち、イエスが神のこの自由と支配と恵みとの運び手であり、担い手であるということ、そしてこの救主が誕生したということ、これが降誕節の意味であります。「あなたがたのために救主が誕生した」としるされているゆえんです。この事柄の重大さに恐れないものがあるでしょうか。この「恐れ」がまだ生じていない場合には、キリストの降誕には直面していないといわねばならないのです。

しかし人は言うかもしれません。救主が生まれるというようなことは、あまりにも常識はずれのことである、そんなことは全く前例のない、科学の法則を無視した、信じがたいことであると。しかし、この問題に対して、パンネンベルクという人は次のように答えています。「異例な事柄というようなことは反対の理由にはならない。自然の中では、すべての現象は同一のことの繰返しであろう。しかし歴史の中では、いっさいは一回きりで、決して同じことの繰返しではない」。歴史のなかでは何かがわれわれの予想や計算を突き破っている。みな新鮮で、驚くべきことです。実際、偉大なものほど一回限りであって、大バッハの出現を誰が予想できたでしょうか。救主の誕生もそうであって、それは起こったから起こったとしか言いようがない、一回かぎりの事実である。それが時間（「今日」）と空間（「ダビデの町に」）の中に生じた。しかしこのことが現実に起こったということをまさに降誕節の出来事は証しするものであります。もしクリスマスをたんなる一つの物語というふうに考えているならば、それは誤りです。

## 五

以上に私は降誕節が予想する「恐れ」について述べてきましたが、実はこのおとずれの後に、「恐れるな」という言葉がしるされているのであります（二・一〇）。しかし、これは上に述べたことと矛盾するように思われます。この「恐れるな」という言葉はどういう意味かといえば、神ご自身がわれわれのがわに立ってくださったというこの恐るべきことが、いっさいの恐れの除去なのであります。本当に真剣なことを恐れることを知ったものだけが、本当に喜ぶことができる、真に神を恐れるものだけが、神を恐れない。「彼らの恐れるものを恐れてはならない。あなたがたは、ただ万軍の主を聖とし、彼をかしこみ、恐れなければならない」（イザヤ八・一二、一三）。これがいっさいの恐れの終りであり、また本当の喜びと祝いとの始りであります。その理由は、主なる神がイエス・キリストにおいてわれわれを真に神自身に愛された子供としてくださるからです。われわれはもはや恐れをいだかせる奴隷の霊をうけたのではなく、子たる身分をうけたのである、と記されています。奴隷ではなく、この神の子の大いなる自由は、創造の目的です（ローマ八・二二）。それゆえにキリストが真の解放者、自由ならしめるものであります。そこで「今日、救主がダビデの町に生まれた」というこのおとずれを真に喜ばねばなりません。「恐れるな、喜べ、主は大いなる事を行われたからである」（ヨエル二・二一）。

「恐れるな」——この言葉は、少し注意ぶかく新旧約聖書を読むものにとっては、主の誡めのなかの最も力ある指図です。この命令はまず心の内面にむけられています。それは断乎たる命令ですが、そのままた恵みであります。この指図は、神の守りと恩恵とを信じる勇気のないものに対する、大胆な信頼への要求です。私は先に種々の恐れ——生存の恐れ・自然への恐れ・人間への恐れ・時代への恐れについて述べましたが、降誕節はこのような恐れの集団に対する退散の命令です。われわれは歴史の将来についても根本的には恐れを持ってはならないでしょう。「おまえの高波は、ここでとまるのだ」（ヨブ三八・一一）。人間のあらゆる混乱の上に、神の摂理があり、キリストの降誕によってなしとげた恵みの支配を神は必ずつらぬき、神の国を人類に与えたまいます。降誕によってこの望みも確実にされました。降誕節の使信はいっさいの恐れや心配からの自由を意味します。

しかし、私はさらにひとつのことをつけ加えておかねばなりません。私共を支配する最悪の恐れは、自分の責任を引きうけることに対する恐れではないでしょうか。われわれが責任を負うことは、自分の持ち時間を損したり、安易な、自己本位の生活を棄て去る覚悟をすることを意味します。まさに今日、社会の価値観の根底をなしている利己主義を棄てることであります。それは広い道を去ることです。しかし、この流れに逆らって歩むということは、なんと困難なことでしょうか。しかしこの広い道は自分と社会との滅びの道を選びとることになります。だが責任より逃避したくなる、自分のうちのこの最も深い恐れからどうして自由になることができるのでしょうか。私はこの問題を自分の問として考えざるをえません。それは恐るべきものを恐れていないからではないでしょうか。われわれは遠い将来のことは分らず、厭なことや危険がいっぱいあり、しかもわれわれの労苦の意味も知らず、軽薄と不安とがかさなって渦巻いている世界に住まっています。だが、キリストもここで生きぬき、彼が引きうけるべき責任を負い、そしてわれわれの真の兄弟・同類となりたまいました。それによって、神自身がわれわれを支えておりたもう。このことが降誕節の意味であります。われわれがこの主に真剣になるなら、この恵みはわれわれを解放します。われわれもこの世界で積極的に生きぬき、友や社会の問題に無関心とならず、それぞれの馳せ場を走って神に対して誠実な生活をしたい、降誕節は、われわれが真に喜ばしくなり、神の子としての生活をするためのものであります。

「恐れるな」――これは新旧約聖書をつらぬく、マリヤにも羊飼いの群れにも、預言者にも、使徒たちにも、そしてわれわれにも語られた神のみ言葉です。

（一九七四年十二月、長野教会）

（『福田正俊著作集1』新教出版社、一九九三年所収）

**福田正俊**（ふくだ・まさとし、一九〇三―一九八）
高知市に生まれ、幼少時より日曜学校に通う。十五歳で受洗。慶應義塾大学経済学部に在学中、高倉徳太郎牧師より大きな感化を受ける。神学校で学ぶことはなかったが、三三年、日本基督教会教師試補となる。翌年、高倉の後任として信濃町教会牧師代理となり、三六年、同教会牧師に就任。四六年、戦時中の責任を痛感し、同教会牧師を辞任。四六年、日本基督教神学専門学校の教会史担任の教授に就任。四九年、東京神学大学創立とともに教授となる（六八年まで）。五二年、信濃町教会牧師に再任、七三年に退任。隠退教師になったあとも研究・著作に励んだ。

## 《死》と《再生》をもたらす《恵み》

『日本の説教Ⅱ 8　福田正俊』（日本キリスト教団出版局、二〇〇六年）のあとがきで、解説者池田伯《あきら》は、福田正俊による最初の書物、『恩寵の秩序』（一九四一年）の一文を紹介している。

「恐らく近代人にとっては、こういう風な告白を口にのぼせることは辛いことであろう。即ち、人間的に、人間から神へではなく、神中心的な意味で、神より人間にむかって来り、そうしてこの立場で真剣にまた愛深く生き、生を見窮めもし、また何処までも望みをもって生きてゆくということは、恐らく神認識の内容であろう。が、その始めにまず全く神中心的に神に立つということは、われわれにとって実に辛いことではあるまいか」。

説教をとおして強い光にさらされるとき、わたしたちは自分がすがりついているものの《死》と《再生》を経験する。それは、否定をかいくぐったよろこびであるだけに、「実に辛いこと」でもある。福田正俊が四十歳前に記した信仰のたたずまいは、この説教にも貫かれている。

この説教の形式上の特徴は、「恐れ」に集中しながら、聴き手に問い、それに答えるというように、対話を重ねていることである。冒頭からそうだ。「最初の降誕節ともいうべき夜、野宿していた羊飼いたちが『非常に恐れた』ということがしるされています。『非常に恐れた』というこの言葉は、降誕節の夜にふさわしくない、場ちがいの言葉ではないでしょうか。クリスマスの宵、われわれが食卓に飾りつけをするとき、蠟燭の灯《ひ》をともすとき、こんな恐れにおそわれ、戦慄するということがあるでしょうか。……」。そして説教者は断言する。「この戦慄と畏怖は、われわれのような単純な信仰者でありたいと願っている人びとでも感じねばならない恐れです」。

続けて、「羊飼いたちはいったい何を恐れたのでしょうか」と問いかけ、さまざまな恐れを数え上げる。「深淵のような空間」や「時の空しさ」や「危険な気配」への恐れ、さらに「実存的恐れ」、「時代に対する恐れ」、「人間の将来に対する恐れ」。しかし、羊飼いたちを襲ったのは「この種の恐れ」ではないという。そうして、「～ではありません」という言葉を幾度も重ねて聴き手を巻き込み、聖書テキストに耳を傾けるこころをつくっている。

それでは、キリストの降誕に直面するときの「恐れ」とは何か。そこで、セクション「四」でようやく説教テキストと向かいあう。そこで、教理的な集中表現がなされる。「よく理解していただきたいのですが、どこかに神の助けがあるというのではない。また単に天の高いところに神の助けがあるそうだというのでもない。……神が現実にわれわれの側に立って、われわれの同類・われわれの仲間となりたもう。……われわれの重荷にも危険にも苦しみにも、そして死にも参加したもう。神はご自身に誠実で、その主権を他にゆずりたまわぬ、聖なる方ですが、同時にその自由をもって、われわれの仲間となり、一員となりたもう。……このことが、イエス・キリストにおいて生じたということ、すなわち、イエスが神のこの自由と支配と恵みとの運び手であり、担い手であるということ、……これが降誕節の意味であります。……この事柄の重大さに恐れないものがあるでしょうか」（本書125―126頁）。福田の熱情を感じる圧倒的な表現である。

セクション「五」で、ようやく「恐れるな」という言葉に耳を傾けていく。しかしそこでも、「自分の責任を引きうける」という「最悪の恐れ」に言及する。わたしたちは、社会の価値観の根底をなしている利己主義を棄て、社会の流れに逆らって歩む実に辛い人生を引き受けなければならなくなるのだ。しかしその《実に辛い人生》へと、説教者は聴き手を《解放》している。

わたしはこれほどまでに「恐れ」に固着し、丁寧に語り込んだ説教を知らない。しかも、「罪」という文字は一度も出てこないのだ。降誕祭の「恐れ」とは、神の審きに対する恐れではない。神の恵みに対する「恐れ」なのである。

# 生　誕

竹森満佐一

イザヤ書　第七章一〇―一七節、ルカによる福音書　第二章一―二〇節

暗い夜道を歩いていると、突然、すぐ前の家の戸が開きました。すると、真暗であったところに、急に、家の中の明るい光がかがやいてくるのです。その光の中で、はじけるような、家の中の楽しい笑い声が聞えてきます。だれかを送り出そうというのでありましょう。やがて、ひとりの人が出て来ます。家の中からは、この人を見送るにぎやかな挨拶が聞えてくるのです。すると、戸が閉じられます。道は、また、もとのままの暗さに帰ってしまいます。出て来た人も、闇の中に呑まれてしまって、あたりは、前と同じようになってしまうのであります。

こういう経験をなさったことのある方は、少なくないと思います。ところが、クリスマスの夜の有

様は、それに非常によく似ているのであります。ベツレヘムの野は、暗い闇におおわれておりました。羊も、それを守る羊飼も、どこにいるかよく分らないような暗さでありました。ところが、突然、天が開けました。そして、主の栄光があたりを照し出したのです。今まで見えなかったものが、急に見えるようになりました。それと同時に、開かれたところから、天がのぞけるように、天の中の明るさ、賑やかさが、こぼれ出て来たように思われました。やがて、天使のみ告げが終ると、天の戸が閉ったように、光はなくなりました。羊も羊飼も、どこかにうもれたように見えなくなってしまったのであります。これが、あの晩の様子であります。

クリスマスの夜には、天と地と、全くちがった様子が見えました。地上は、あくまでも暗かったのです。夜が暗かっただけでなく、ローマ皇帝アウグストから出た勅命によって、すべてのユダヤ人が戸籍登録をしなければならなかったのです。つまり、ユダヤ人がみんな、敵によって数えられ、調べ上げられる時であったのです。人間の罪によって暗かったのです。

これに対して、天は、あくまでも明るくありました。それは、地上の苦しみなどには気がついていないのかと思われるほど、明るいものでありました。そこには、光と讃美があるだけでありました。

クリスマスの記事は、聖書の中には、非常に少ないのです。そして、書いてあっても、牧歌的なことや、それをめぐる人びとの様子が主で、何の説明もないのであります。クリスマスは、地上が暗さに支配されているだけでなく、クリスマスの沈黙に支配されていました。あるいは、神が沈黙して、何の説明もお与えにならなかったと言ってもいいかも知れません。クリスマスが、正しく受け入れられないのは、その沈黙のせいであります。それが分らないで、人びとは、クリスマスを明るくしようとするのです。しかし、クリスマスの賑やかさは、本来、地上のものではなくて、天上のものでありました。ですから、クリスマスを知りたいと思うなら、ただ、何とかして地上を明るくしようとはしないで、クリスマスのただひとつの光である天の明るさの意味を考えてみる必要があるのです。

その夜、地上は眠っていました。羊飼たちぐらいしか起きてはいなかったようです。だから、天からの光に気がついた人もなかったようであります。ベツレヘムの馬小屋で、赤ん坊が生れても、み告げを受けた羊飼が来るまでは、だれも、何が起ったかは知りませんでした。人間は、みんな眠っていたのです。ただ、神だけが働いておられたのであります。神だけが、大きな仕事をしておられたのに、人間は、それに気がつかなかったのであります。

その仕事は、何であったでしょうか。それは、み子を世におくることでありました。ミルトンは、『失楽園』の中で、神が、み子をおつかわしになることが発表された時に、天がどよめいた、と書いています。これは、まことに、天さえもどよめくようなことでありました。神は、長い忍耐ののちに、み子をおつかわしになりました。それによって、人間の一切の問題に解決をつけることができる、と確信しておられたのです。

きょうダビデの町に、あなたがたのために救い主がお生れになった（ルカ二・一一）

というみ告げがありました。この夜、天が明るかったのは、救い主の誕生のためでありました。だから、地上も、その明るさを受けるためには、救い主がお生れになったことについて、深く示されねばならないのであります。

救い主が来たのに、なぜ、世界は、こんなに静かであったのでしょう。なぜ、そのことに気がつかなかったのでしょうか。実は、クリスマスに来られた救い主が、真の救い主であったからこそ、だれにも知られなかったのであります。

救い主という名は、その当時は、珍しいものではありませんでした。人びとは、救い主を待ち望んでいたからであります。ローマの決定的な支配の下にあっても、問題は無数にありました。だから、みんなが救い主を求めていたのであります。

一番分りやすい救い主は、政治家でありました。ローマの皇帝の中で、神として崇められた者もありました。皇帝アウグストは、まだ生きているうちに、ある地方では、神として礼拝されたと言われております。そういう時につけられる称号のひとつは、救い主ということであります。クリスマスによく歌われるハレルヤ・コーラスの、「王の王、主の主」という言葉は、黙示録からとったものでありました（一九・一六）。それは、黙示録が、ローマ皇帝を、王とし、主とし、神とする者に対して、キリストこそは、王の王、主の主である、と告白しているためであります。

政治的な王が救い主であるとすれば、この王が、明らかに見える形で崇められることは、当然なことであります。しかし、救い主イエス・キリストが、羊飼たちと、宿屋に居あわせた人びとによってしか、救い主として知られていなかったことは、非常に大事なことであります。それは、この救い主がもたらした救いは、決して、あからさまに語られるべき性質のものではなく、人間の真の救いであったからであります。

救いとは、何でありましょうか。人間は、このことに、どれだけ迷ってきたか分らないと思います。どの時代の人間も、どの国の人間も、救いを求めてきました。したがって、人間の救いは、まことに、数多くあったのであります。その中で、人間にもっとも分りよい救いは、政治的な救いでありました。だから、ローマの皇帝が救い主とよばれるようになったのであります。そして、もし、それが救いなら、救いこそは、だれの日にもすぐに見える、派手なものであるにちがいありません。

しかし、そういう外側の救いが、真の救いであると、だれが言うことができましょう。人間の生活は、外側のことで尽せないばかりでなく、心の中のことの方が、実は大切だからであります。心から満足しないような救いは、どんなに豊かに見えても、よく見えても、何にもならないからであります。

パスカルは、人間は独りで死ぬ、と申しました。それは、人間の生活が、孤独であることを示していますが、また、同時に、人間の救いが、どんなに個人的なものであるか、ということを示しているのであります。人間の生活は、外の物質的な面でも、満足しなければならないものでありましょう。

しかし、そうなったからといって、だれも、ほんとうには、満足しないのです。それは、心が満足しなければならないということもありますけれども、それよりは、われわれの生活が、自分にだけしか分らないものだからであります。自分にだけと言ってもいいが、実は、自分と神にだけしか分らないものだからであります。

われわれは、よく、心の底から、ということを申します。たとえば、心の底から満足するということであります。しかし、心の底と言われる、底とは何でしょうか。心の底とは言っても、その底をどうやって、他の人に分ってもらうことができるのでしょうか。自分の心の底などは、どんなに語ってみても語りつくすことなどはできるものではありません。丁度、自分の歯の痛いのを他人に知ってもらおうとする時と同じであります。それは、いくら話をしても、分ってはもらえないと思います。同じように、われわれ自身のことも、どう解決しようとしても、人間との間のこと、または、物質をもっては、解決のしようがないのだと思います。

したがって、また、外のことがどんなにととのえられても、解決しないことが残ると思います。たとえば、世の中の制度や事情がととのえられるようになったとしても、どうにもならないことが、人間には、残るものであります。だれの生活にもつきまとう、幸福とか不幸とかいうこと、才能があるとかないとかいうこと、丈夫な体に生れついたか弱いかということなど、数えあげればきりがないほどに、はっきり割り切ってしまえないことがあるものであります。それは、また、だれに持っていっても解決のつけようのないことであります。ただ、神との間に解決するほかはないのであります。

その上に、いくら説明してもむだなだけでなく、説明したくない、だれにも知られたくないために説明できないという場合も、決して、少なくはないのです。その時には、言葉をつくして話をしても分らないというのではなくて、話をしたくないのですから、非常に難しいことになると思います。

このように考えてみますと、人間の問題は、何でも明らかにしたらいいというものではなくて、明瞭にできないし、明瞭にしたくないのであるということが分るのです。したがって、人間の問題は、人間が、お互いに、話し合って解決できるものではなくて、神との間でだけ、取り上げ、解決することができるものであることが、はっきりしてくると思うのであります。ですから、クリスマスの救い主が、だれにも知られない形でこの世に来るということも、少しも不思議なことではないのであります。なぜなら、ほんとうの解決はだれも知らないところで、しかし、神との間でだけ行われるからであります。そこにだけ、真の救いがあることを忘れてはならないのであります。神は、人びとが眠っている間に、み子をこの世にお送りになって、だれにも知られずに行われる、しかし、そのゆえに、もっとも徹底した救いを、お与えになったのであります。

アメリカなどでは、クリスマスには、みんなが、家に帰るのです。都会に勉強に行っている者も、田舎の家に帰ります。家に帰って、静かなクリスマスを迎えます。窓から、雪に掩われた庭を眺めて、自分の生活を考えるのです。美しい雪景色が、目にうつりはしますが、人びとが見ているのは、自分の心の中であります。クリスマスに、心の中をしっかり見ることができる人、自分自身を見つめることのできる人にこそ、この救い主が、ひそかに、世に来られた意味が分ることでしょう。

あなたがたのために救い主がお生れになった

と言われています。しかし、それは、あなたがた、ひとりびとりのために、ということでありましょう。救い主は、あなたがたの救い主ですが、実は、あなたの救い主であるからであります。その意味から言えば、クリスマスは、わたしの救い主を迎えた日であります。そのゆえに、喜びがあるのであります。救いを受ける者の喜びであります。

神の救いは、どのようにして与えられるでしょうか。わたしたちは、神の救いを考える時に、いつも、非常に単純な考え方をいたします。それは、神が、悪人に勝って、支配されるということでありましょう。もし、神が、見事に勝ってくださることができないとしても、もう正しい者は敗北するのか、と思う時に、突然、神が、どこかから現われて来られて、悪人を滅ぼし、善人は、神とともに、勝利をおさめるということになると思うのであります。

ところが、この世の中の実状は、どうでありましょうか。悪いことをする人間は、いつも得をして、神に従おうとする者などは、いたずらに、自分を清めるだけで、結局は、泣き寝入りになってしまうのではないか、と思われるような状態であります。そうすると、神の戦いは、景気のいい勝利ではなくて、いつも、何か歯切れの悪い、押され気味で、受身になっているように見えるのであります。それは、神が、遠慮しておられるのではないかと思わせるほどなのであります。

神の戦い方は、どうも、われわれ人間のやり方とは、ちがうのであります。何か受身な、ひどく謙遜なように見えるのであります。しかし、それは、神の戦いが分っていないのであります。神は、悪人をみな滅ぼしつくして、勝利をしようというのではないのです。神は、すべての罪人である人間を救って、それによって、勝利しようとされたのであります。

すなわち、今までに犯された罪を、神は忍耐をもって見のがしておられたが、（ローマ三・二五）

と聖書に書いてあります。こうして、忍耐をもって見のがされたが、もう我慢ができなくなって、人間を罰せられたというのではなく、

神はこのキリストを立てて、その血による、信仰をもって受くべきあがないの供え物とされた（ローマ三・二五）

と言われているのであります。これが、神の忍耐の姿なのであります。もう許せないと言って滅ぼすのではなく、罪人を許し、救いを与えることによって、救い主となられたのであります。クリスマスの救いも、それであります。そうでなければ、この意味は分らないのです。

クリスマスには、大変な危険がありました。身重になったマリヤが、遠いところから旅をして、ベツレヘムに来たのであります。この旅のことだけを考えてみても、クリスマスの神のご計画は、いつ

どこでくずれるかも知れないようなものであります。身重な婦人の旅、宿がないこと、その上に、ヘロデは、この子を求めて、殺そうとさえしました（マタイ二・一六―一八）。いわば、み子は、人間の敵意と危険の中を、ようやく、地上に辿りついたという様子でありました。

これは、普通に考えられるような意味での、救い主の誕生とは、おおよそちがったものであったと思います。しかも、このように危険きわまりない方法で、神は、確実に、救いを成就せられたのであります。それは、救いだからであります。審きではないからであります。救うことによって、勝利しようとされたからであります。これが、クリスマスの勝利であり、クリスマスの喜びでありました。

この意味から言えば、クリスマスは、神が地上に橋頭堡をお造りになったと言えます。戦いにおいては、いつでも、敵陣近くに、戦いのための確かな拠点を造らねばなりません。その地点は、敵の銃火にさらされているかも知れませんし、いつ敵に襲われるかも分らないようなところであるかも知れません。しかし、そこが根拠になって、戦いは進められるのであります。したがって、この橋頭堡を造ることが、勝利には、絶対に必要なことになるのであります。クリスマスは、その橋頭堡でありす。弱そうに見えるかも知れません。しかし、これができれば、あとは、その勝利を拡げてゆくだけのことであります。

身を危険にさらすような方法で、救い主はこの世に来られました。だれにも知られないような形で、いわば、この世に潜入して来られたのだと言ってもいいと思います。橋頭堡を造ったと言っても、その橋頭堡は、波をかぶり、人びとの中に、埋もれてしまって、まるで見えなくなってしまうような有様でありました。救い主は、こういう形で、お出でになったのであります。人知れずと言うか、人の中に没した形で、救い主が来られたということが、クリスマスの大事なことであります。

救い主は、凱旋将軍のように、自分をきわ立たせて見せるような仕方で来られたのではなかったのです。そこに、この救い主の意味がありました。救い主は、人びとと同じ立場に身をおくために来られたのであります。人びとの中にはいって、全く人びとと同じものになり切ろうとしたのであります。他の人を救って、自分も助かるというのではなくて、他の人と全く同じになって、そのために死んで、救いを成就しようというのであります。クリスマスの救い主は、このように、他の人とちがった英雄というものではありません。人間たちと全くちがった方でありながら、罪ある人間と完全にひとつになり、その罪の救いを完全にするために、来られたのであります。

この救い主の救いは、人びとには、簡単には理解されなかったようです。それは、その内容が難しかったからではなく、人間の気がつかない、しかも、もっとも重要な救いであったから、であります。それは、人間を罪から救う救いであったのです。そのためには、こういうクリスマスが必要であったのです。ただ、罪のことなどは、人間は思い上っていて、深く考えようともしませんでした。少なくとも、それが、何よりも重要であるとも思いませんでしたし、まして、その救いが、こういう形で与えられねばならないとは考えても見なかったのであります。そこにも、クリスマスの暗さがあります。

チャールズ・ディケンズの小説に、『クリスマス・キャロル』というのがあるのは、よく知られています。あの中に、スクルージという意地悪の主人が回心する話が書いてあります。自分の店の使用人に、クリスマスの休みを与えることさえしぶったこの人が、クリスマス・イヴに、夢を見ます。その夢で、彼は、今までの自分の生活を見せつけられ、悔改めて、はれやかな思いでクリスマスの朝を迎えた、と書いてあります。クリスマスには、こういう悔改めが必要なのです。自分の罪を悔いることを知らないと、クリスマスは分らないのであります。罪を悔いて、救われなければ、救い主が何のために来られたかが分らなくなるのであります。クリスマスは、十字架の救いを忘れては、とうてい自分のものにすることができないのであります。

ルカによる福音書には、

よく聞きなさい。それと同じように、罪人がひとりでも悔い改めるなら、悔改めを必要としない九十九人の正しい人のためにもまさる大きいよろこびが、天にあるであろう（一五・七）

と書いてあります。

クリスマスの夜、天には、不思議な明るさがあったと申しました。それは、天に言いようのない大きな喜びがあったからであります。その喜びは何でしょうか。それは、悔改める罪人のための喜びであります。み子は、罪人を悔改めさせるために出発しようとするのであります。だから、このように明るい大きな喜びが、天にあったのであります。

（『わが主よ、わが神よ　イエス伝講解説教集』ヨルダン社、一九七七年所収。同書復刻版、教文館、二〇一六年に再録）

**竹森満佐一**（たけもり・まさいち、一九〇七―九〇）大連に生まれ、当地の日本基督教会で幼児洗礼を受ける。二八年、肺結核療養のため日本に滞在中、スコットランドの神学者の著書を読み、神学を学ぶ決心をする。三六年に日本神学校を卒業後、白金教会を経て、四一年、吉祥寺教会の牧師に就任。吉祥寺教会在任の四九年間に、東京神学大学で教鞭を執り（七三年には学長就任）、米国ウェスタン神学大学、ハイデルベルク大学の客員教授も務めた。日本のプロテスタント教会では従来、主題説教が主流であったが、竹森は連続講解説教の先駆者となった。

## 《講解説教》の豊かさ

二〇一六年、竹森満佐一の説教集『わが主よ、わが神よ　イエス伝講解説教集』が復刊された（教文館）。その帯に、推薦の言葉を加藤常昭が書いている。「待ちに待った復刊！　本書は日本説教史の宝です。福音の神髄を知るために、どうぞ！」。同書に収録されているこの説教について も、「日本説教史の宝」と呼ぶことにわたしは躊躇しない。

竹森は、同書のあとがきで、一連の説教を《講解説教》と呼んでいる。しかし、わたしたちがふつうに思う《講解説教》とは何と質を異にしていることだろう。

説教は全体の基調となるひとつのイメージを提供することから始まる。「暗い夜道を歩いていると、突然、すぐ前の家の戸が開きました。すると、真暗であったところに、急に、家の中の明るい光がかがやいてくるのです。……やがて、ひとりの人が出て来ます。……すると、戸が閉じられます。道は、また、もとのままの暗さに帰ってしまいます。出て来た人も、闇の中に呑まれてしまって、あたりは、前と同じようになってしまうのであります」。そして、このイメージは、次のように引き取られる。「クリスマスの夜には、天と地と、全くちがった様子が見えました。地上は、あくまでも暗かったのです。夜が暗かっただけでなく、……人間の罪によって暗かったのです。これに対して、天は、あくまでも明るくありました。それは、地上の苦しみなどには気がついていないのかと思われるほど、明るいものでありました」（本書134頁）。

竹森の説教は、決して丁寧ではない。センテンスとセンテンスのあいだに跳躍があると思える場合が多い。しかし同時に、その《間》によって、聴き手の思考を活発に刺激してくる。

たとえば、何気ないように発せられる次の問答である。「救い主が来たのに、なぜ、世界は、こんなに静かであったのでしょう。なぜ、そのことに気がつかなかったのでしょうか。実は、クリスマスに来られた救い主が、真の救い主であったからこそ、だれにも知られなかったのであります」（本書136頁）。

まことの救い主であったから知られなかった、とは、聴き手にわかる説明の言葉ではない。十字架の死まで見通した教理的発言、信仰告白の言葉である。そうして、このような意外な問いと答えによって、聴き手を驚かせ、説教のなかに巻き込んでいくのである。

さらに、「心の底」をめぐる人間観察の言葉にもハッとさせられる。そこでは詩的な情景が描かれる。「アメリカなどでは、クリスマスには、みんなが、……家に帰って、静かなクリスマスを迎えます。窓から、雪に掩われた庭を眺めて、自分の生活を考えるのです。美しい雪景色が、目にうつりはしますが、人びとが見ているのは、自分の心の中であります。クリスマスに、心の中をしっかり見ることができる人、自分自身を見つめることのできる人にこそ、この救い主が、ひそかに、世に来られた意味が分ることでしょう」（本書139―140頁）。

《講解説教》とは、テキストを解説し教授することだと考えているような説教がある。しかし少なくとも、この説教はまったく異なる。ルカが伝えるクリスマスは、実にイメージ豊かである。竹森は、そのイメージを分解せずに引き継ぎ、新しいイメージに置き換えてみせる。しかも、卓越した神学的洞察をもって骨格を与え、鋭く深い人間観察によって肉付けしながら。降誕祭説教の、そして講解説教のモデルとして、幾度でも読み返したくなる説教である。（なお、この説教についての詳しい解説が次の書物に収録されている。加藤常昭『竹森満佐一の説教　信仰をぶつける言葉』教文館、二〇一六年）

# クリスマスが語りかけるもの

井上洋治

## イエスの無一物の裸の死

今年あたりも経済の不況のせいか、クリスマスが近づいてもいぜんほどには街頭にジングルベルの音楽がきかれないようですが、でもすっかり一つの祝日として、クリスマスも私たちの生活の中に定着してきたような気がいたします。今でこそたいていの方が、クリスマスといえば、イエス・キリストの誕生日だということを御存知ですが、終戦直後には本当に笑い話のようなこともあったようです。

クリスマスも近づいたある晩、町会役員のある方たちが、東京も下町の教会で働いている私の友人を訪ねてみえました。そしてそれはクリスマス・イヴには、アメリカさんに負けずにこちらも一つドンと大きくお祝いをしようと思うので、たのしくはじめるまえに、一つちょっと先生に挨拶でも簡単にして頂きたいと思ってという、依頼のための訪問だということでした。クリスマス・イヴは、教会も礼拝やお祝いで大変忙しいので、その旨を告げて丁重におことわりしたところ、ああ、そういうわけじゃあ仕方がありませんん、ああ、そうですか、教会でもクリスマスをお祝いするんですか、といわれたというのです。友人が笑いながら話してくれたのですが、今はそういう方はなくなったと思いますが、それでも、クリスマス・イヴはキリストの誕生日のお祝いだから、家庭でみんなでケーキをたべてたのしくすごしましょう、という程度で、それ以上には、あまりクリスマスについても、イエス・キリストという人物についても、知らない方が多いのではないかと思います。

考えてみますと、人類の歴史の上に名を残した英雄や思想家はたくさんおります。しかし、二千年もたって後、しかもちょうどイエスの生きていたパレスチナとは地球の裏側にもあたる、この日本で、今日もこうやってイエスの誕生日をお祝いしているというような人物は殆んど見当らないわけで、そういう意味では実に不思議な気がしないでもありません。一体イエスという人物は、何をやり、何を伝えたが故に、二千年たった今でも、世界中の人がその誕生日をお祝いしているのでしょうか。たのしくお祝いするということもいいことですし、また大切なことだとは思いますが、しかし、イエスがその生涯において私たちに残していった精神的遺産とは一体何なのか、ということを考えてみるのも、また意味のあることではないかと思います。

本題にはいるまえに、これはどうでもよいことではありますが、一二月二五日という日について少し話させて頂きたいと思います。一二月二五日がクリスマスで、クリスマスがイエスの誕生日なんだから、一二月二五日はイエス・キリストの誕生日にきまっているではないかとお思いの方が多いかもしれませんが、実は本当をいえば、これはイエスの誕生日ではないのです。実際にはイエスの誕生日が何時だったのかは誰にもわかりません。ただ『新約聖書』の記事によれば、その晩は羊飼いたちが野宿をしていたということですから、五月から一〇月ぐらいまでのある日だったのではないでしょうか。少なくとも一二月二五日には、ユダの高地、イエス誕生の地といわれているベツレヘムでは寒くて野宿するわけにはいかなかったと思われます。この一二月二五日は、もともとローマ帝国内で祝われていた太陽神の祝日だったのが、紀元四世紀以降キリスト教の勢力がローマ帝国内で強くなっていった結果、本当の心の太陽はイエス・キリストだということで、この太陽神の祝日をイエス・キリストの誕生日として祝うことになったのだといわれています。

なお先ほどから私自身、イエスといったりイエス・キリストといったりしておりますが、イエスというのは、ちょうど太郎・次郎というような固有名詞の名前であり、キリストというのは、本来は「油をそそがれた者」というヘブル語「メシア」のギリシャ語訳で、救い主をあらわす普通名詞と考えてよいと思います。ちょうど日本でいえば、関白秀吉というようなもので、秀吉は固有名詞、関白は職位を表わす普通名詞ですが、そのうちだんだんと一部の人たちにとっては関白といえば秀吉というようになりました。それと同じように、本来「キリスト」というのは普通名詞だったのですが、だんだんイエス個人をさすようになり、イエスとキリストを区別せずに使うようになってしまいました。

但し聖書学の学問的著作などでは、イエスとキリストは厳格に区別されて使われております。

さてイエスの誕生日はわからないとして、それではイエスの生まれた年、死んだ年は明確にわかっているのでしょうか。これも明白ではありません。実は西暦——今年は一九八三年でありますが——というのは、紀元六世紀の前半に活躍したディオニシウスという修道士が、イエスの誕生の年を零年として、つくったつもりの暦だったのですが、これが計算間違いだったことがわかり、実際にはイエスはそれより数年前に生まれたといわれます。紀元前六年か七年頃だったであろうというのが学者の人たちの定説になっているようです。それでは死んだ年はどうかというと、これも明白ではなく、多分紀元三〇年か三一年頃であろうと考えられています。いずれにしてもイエスという人は、四十歳にならない短い生涯を十字架上で終えたことは確かです。

『新約聖書』のなかのイエス誕生の記事によれば、イエスの父親であるヨゼフは、ローマ皇帝アウグストゥスの人口調査の命令により、身重の妻マリアを連れて、ナザレという村からエルサレムの南七キロほどのところにある、小さなベツレヘムといわれている故郷の町にもどってきた。ところが宿屋がなく、やむをえず家畜小屋に泊めてもらった。そこでマリアが産気づいてイエスを産んだ、ということになっています。おそらくヨゼフは、身重なマリアをかばいながら、夜もふけたベツレヘムの町を淋しいような、悲しいような気持ちで、必死に宿をさがしながら歩きまわったことだったのでしょう。家畜小屋での誕生ということは、父親としてのヨゼフにとっては、愛する妻マリアの痛みを思って、まさに耐え難いほどの悲しみと苦しみであったにちがいありません。また母のマリアとしては、そのようなところで子を産まなければならないことに、この上ない哀しみと恥ずかしさがあったことだったでしょう。イエスの生涯はこのような苦しみと悲しみと恥辱のなかではじまったのでした。

それではイエスの生涯はどのようなもので、また最後はどのような有様だったのでしょうか。

ヨーロッパの数多くの教会堂とはいわなくても、日本のキリスト教の教会でも、またキリスト信者の家庭ででも、十字架をごらんになられた方は多いと思います。これはイエスが、当時のユダヤの国の都であったエルサレムという町の北西にあたるゴルゴタという丘で十字架刑に処せられてなくなったので、十字架は四世紀以降、次第にキリスト教のシンボルとして扱われるようになったからです。

新約聖書は、イエスが最後は、人々の嘲笑と侮辱と恥かしめのなかで、そして愛する弟子たちからも裏切られて、全く悲惨な孤独と苦悩と恥辱のなかで死んでいった有様を私たちに伝えています。それは人間の目からみれば、栄光や名誉のかけらすらもない、文字通りの無一物の裸の悲惨な死でございました。

ろばや羊といった家畜の匂いのたちこめた馬小屋での誕生から、すべてを失った十字架上の死まで、イエスの三十数年の生涯は、まこと人の目からみれば、色あせた挫折の生涯でしかありませんでした。

それでは一体何故なのでしょう。何故二千年もたった今日、このみじめな色あせた挫折の生涯を送った一人の人間の誕生日を世界中でお祝いしているのでしょうか。

確かにイエスは一人一人の人間の哀しみを、淋しさを、痛みを、この上なく大切にして生きた人でした。当時誰も恐れて近づかなかったハンセン氏病(*)の人たちのたまり場に、法律を犯してまでもでかけていき、それらの人たちの孤独と悩みとを受けとめました。売春婦や敵国ローマの手先になっているような取税人に対しても、他の人たちのように毛嫌いしたり差別したりすることをせず、これらの人々の淋しさと涙とを御自分の腕の中に受けとめておられました。その意味では、本当に人々の心を大切にし、愛し続け、しかし人々からは受け入れられることの少なかった、哀しくも美しい人生であったといえるかもしれません。しかし哀しくも美しく挫折した人生というだけでは、いまも全世界で誕生日をお祝いするなどということにはならないでしょう。一体彼は何を私たちに教え、何を精神的遺産として残したが故に、いまもこうやって彼の誕生日を祝っているのでしょうか。

(＊) 編者注：ギリシア語「レプラ」は口語訳聖書では「らい病」と訳されていたが、現代の聖書学者はその見解を次のように訂正している。「ギリシア語のレプラも〔ヘブライ語のツァーラアトと同様〕やはり『ハンセン病』のことではなく、様々な皮膚疾患を包括的に指す語であり、新共同訳聖書ではすべて『重い皮膚病』と訳されている」(樋口進、『新共同訳　聖書事典』日本キリスト教団出版局、二〇〇四年、一八四頁)。

私の大好きな本の一つに、サン・テクジュペリという人のかいた『星の王子さま』という作品があります。有名な本なので皆さまのなかにもお読みになられた方が多いかもしれませんが、童話風にかかれている大人向きのすぐれた作品だと思います。サハラ砂漠で飛行機が不時着してしまった主人公のところに、ちょうど家位の大きさしかない小さな星に住んでいたという王子さまがあらわれるところでこの童話ははじまります。そのなかで王子さまが、主人公に、こういうせりふを言う場面があります。


王子さまは、しばらくだまっていたあとで、また、こういいました。

「星があんなに美しいのも、目に見えない花が一つあるからなんだよ……」

ぼくは、〈そりゃあ、そうだ〉と答えました。それから、なんにもいわずに、でこぼこの砂が、月の光を浴びているのをながめていました。

「砂漠は美しいな……」と、王子さまはつづいていいました。……

「砂漠が美しいのは、どこかに井戸をかくしているからだよ……」と王子さまがいいました。

……

「そうだよ、家《うち》でも星でも砂漠でも、その美しいところは、目に見えないのさ」と、ぼくは王子さまにいいました。

哀しくも美しい、色あせたイエスの生涯が、今もその誕生日を私たちに祝わせているのは、彼の生涯が目に見えない井戸をかくしているからであろう、私はそう思います。そして、学生時代からイエスを追い続けてきた一人のキリスト教の求道者として、私なりに見つけた〝イエスのかくしている井戸〟というものについて話させて頂きたいと思います。

「裏を見せ表を見せて散る紅葉」

私は仕事の性質上、よくガンにかかられた方とか、寝たきりになられた方とかのお見舞いにうかがうことがあります。私はカトリック司祭になってからもう二十年以上になりますが、実を申しますと、司祭になりたての頃は、寝たきりの御老人のお見舞いというのは本当に苦手でした。もちろん若くて元気な自分が孤独な御老人をどうお慰めしてよいかわからないということもありましたが、何よりも苦手だったのは、〝こんなに寝たっきりで何の役にも立たない、いや役に立たないどころか、人の迷惑にばっかりなっているようなこんな私でも、やはり生きていなければいけないのでしょうか〟と真剣に問われることでした。

ふつうの病人ならば、〝じっと我慢していればいつかよくなりますよ、決して諦めたり自暴自棄になったりしては駄目ですよ〝というふうに慰めたり励ましたりすることもできるでしょう。しかし老いの辛さは、もう決して若い時のように元気になって社会復帰ができるという望みを断たれているところにあります。それはいわば徐々に徐々に死という水面にむかって下降を続けていくエンジン故障の飛行機のようなものでしょう。この死に向かっての苦悩と屈辱の日々に一体何の意味があるのか、何故生きていなければならないのか、これは人の世話にならなければ生きていけなくなった老人の誰もが自分自身に問いかける重く苦しい疑問であると思います。〝神さまから頂いた折角の生命なんですから、自殺なんかしては駄目ですよ。第一そんなことをしたら家の人がどんなに困るか考えてみてあげてください〟と口ではいってみても、お茶一杯人の世話にならなければ口にできない状況というものがどんなに辛いことか、膚にしみてわかるだけに、なんとも我ながら、自分の答えが教科書風の、しらじらしいものであることを感ぜざるをえなかったからでした。

どんなに人の目には無意味におもわれるような人生でも、生きている限りその人生には重大な意味がある、人生とは自分が何かをする、自分自身を表現するというものではなくて、神が——もし神という言葉がお嫌いな方は、私たちを生かしている大自然の生命とお考えくださっても結構ですが——私たち一人一人の人生において御自分の業をなさるものだからであり、その意味では私たちの人生において神が御自分を表現なさるものだからだ。——これがイエスが自らの色あせた生涯において私たちに残してくれたメッセージであり、〝星の王子さま〟流にいえば、イエスの生涯の持っているかくれた井戸なのだということ、このことをからだ全体で感じとっていくのには、司祭になってからも何年かの歳月が私には必要だったのです。

この頃私は、挫折とか病気とか死とか、およそふつうには、人生でのマイナス面としか考えられていない、そして何とか避けることができれば避けたいというふうに考えられていることがらに積極的な意味を特に認めているところにキリスト教という宗教の特徴があるのではないかと思うようになりました。そしてそれをもっともたんてきに示しているのが、あの苦悩と屈辱の中でのイエスの十字架上の死の姿であると思うのです。裸で大衆の前で十字架につけられるという屈辱にたえるということは、イエスにとっては、ある意味で肉体的苦痛以上のものであったかもしれないと思います。

私たちキリスト者は、私たちが神のみ手に摂手されるしあわせをつかみえたのは、神が馬小屋から十字架までのあの色あせた、苦しみのスッテンテンのイエスの生涯を通してであったと信じています。そしてそれはとりもなおさず、寝たきりの老人の生活が私たちの目にはどんなに悲惨と屈辱と無意味の苦しみの生活にみえようとも、神はそのような生活を通して人々の心に働きかけられるのだということを信じているということであります。従ってたとえ寝たきりの、元気な人の生活の足をひっぱることしかしていないようにみえる老人の苦しみの生活でも、キリスト者にとって無意味な生活というものはないのです。それは、キリスト者にとって、私たちの生活の苦悩と挫折と屈辱は、すべてそれを素直に受容する限り、イエスの十字架の死の苦悩と屈辱にあずかるものだからです。

その意味で、木崎さと子さんの小説『青桐』は、苦悩のキリスト教的意義をわかりやすく私たちに伝えていてくれるように思います。

乳ガンにかかった、北陸のある旧家の未亡人が、医師にかかることを拒否して、家の離れで死を迎えます。ほんの幼い頃に顔に火傷を負い、そのために心が頑なに閉じてしまい、その結果婚期まで逸してしまった姪が彼女の看護にあたります。そして、その叔母の死がきっかけとなって、彼女のそれまで閉じていた心がふと明るく開いていくという物語です。

もちろん人によっては、医師の治療を拒否して死んでいくなどというのは、全くまわりの迷惑を考えない身勝手な死に方だという批難をなさる方もおられるでしょう。しかし著者のいいたいことはそういう視点のことがらではないと思います。人の目には悪臭のただよう、みじめな死にむかっての何日かの生活も、それを素直に受け入れる限り、大へん大きな意味を持っているのだということだと思います。それはイエスの十字架の死の意味にもつながっていくものです。このことは次の著者のことばに明白に表現されているように思います。

それにしても、いったん閉ざされた魂が再びひらくときに、しばしば他の人の死がきっかけとなるのは、なぜだろう。

この作品の主人公は、その意味で、死んでいく叔母でもなければ、また彼女の死を看とった姪でもありません。叔母の苦悩と死を通して閉じた姪の心を開いていく神の働きこそが、この作品の主人公であると思います。

「裏を見せ表を見せて散る紅葉」という俳句があります。この句はかの良寛さんが大へん好きだった句で、死の病床にあってもずっと口ずさんでいたといわれます。私も大好きな句で、実によく宗教の境地を言い表わしていると思っているのですが、ちょっと突飛に思えるかもしれませんが、私の心情のなかできれいに重なっておりますので、この句をてがかりに今までのとは、ちょっとちがった視点から〝イエスの生涯にかくされた井戸〟を説明してみたいと思います。

秋の陽ざしをうけて一葉の紅葉が散っていきます。紅葉は全く無心に、己れを無にして、秋風にすべてを委せて散っていきます。表だけを見せたい、醜い裏は見せたくない、などという我執や見栄や己れの意志を、無心に秋風に委せています。やがて溝《どぶ》の中に落ちて泥まみれの姿になるかもしれない不安も恐怖も、そのまま秋風に委せて散っています。もし紅葉が秋風に委せることをせず、己れを無にすることをせず、己れの意を通して散っていったとしたら、それは裏も見せない、泥まみれになって色あせもしない、美しい紅葉の散り方かもしれません。しかしそのときにはその紅葉は、たかだか己れの美しさをしか示してはいないでしょう。裏を見せ、表を見せ、やがて溝の中で泥だらけになった紅葉は、まさにその己れを無にした姿の故に、己れをこえて、すがすがしい秋風を私たちに告げているのです。

『新約聖書』の中に、パウロという人が、北ギリシャのフィリピという町に宛ててかいた手紙がのっていますが、その中でパウロは、初代キリスト教会の人たちが讃えた「キリスト賛歌」を引用して次のようにいっています。即ち、キリストは己れを無にして《ケノーシス》、神のみ旨に十字架の死に至るまで己れを委せて従われたが故に、神はかれを御自分の御手の中に高くひきあげられたのだ、といっています。日本の人たちの中には、キリスト教徒は、「キリストの復活」などという荒唐無稽な神話をよくまあ信じていると思っておられる方もあるかもしれませんが、復活というのは、死人が棺の中からこの三次元の世界に生き返ってきたなどということではさらさらないのでありまして、神の御手にあげられたイエスが、三次元の次元を越えた永遠の次元において、いまも私たちを見守っていてくださるということであります。

泥まみれになった一葉の紅葉が、己れを無にして無心に散ったが故に、秋風を私たちに告げているように、馬小屋から十字架までの一見色あせ挫折したようにみえるイエスの生涯もまた、神の働きの偉大さを告げるという、深い重大な意味をもっていたのだということになるわけです。

そうでなければ、たんに失敗に終わった一人の人間の誕生日を、いまこうやって二千年もののちに、地球の反対側で祝うなどということは到底考えられないことでしょう。

その意味ではクリスマスは、苦悩と挫折と屈辱という、一見マイナスとしか思われないことがらに、積極的な意味と価値を見出し、それを伝えてくれた一人の人間の誕生日のお祝いであり、それが語りかけてくるものは、いつか、寒く厳しい日を迎えざるをえなくなったときの私たちに大きな光を与えてくれるであろうと信じます。

（一九八三年一二月一七日　於　新潟市公会堂）

（『井上洋治著作選集6　人はなぜ生きるか　イエスのまなざし――日本人とキリスト教（抄）』日本キリスト教団出版局、二〇〇六年所収）

**井上洋治**（いのうえ・ようじ、一九二七―二〇一四）
神奈川県に生まれる。東京大学文学部哲学科を卒業。一九五〇年、フランスに渡り、カルメル修道会に入会、修道のかたわらリヨン、リールの各大学で学ぶ。渡仏時に出会った作家・遠藤周作は、志を同じくする生涯の友となった。一九五七年、カルメル会を退会。日本には日本の文化に根ざしたキリスト教の捉え方が必要であると考え、そのテーマに生涯を賭ける志をもって帰国。一九六〇年、カトリック司祭となる。一九八六年、イエスの福音が日本文化に根をおろし、開花することをめざして、若い人たちと共に「風の家」を創めた。没後、『井上洋治著作選集』全一〇巻刊行（日本キリスト教団出版局）。

## 《日本の文化に合わせた》イエスを語る

井上洋治は戦後の教会で最も愛され、広く影響を与えた神父のひとりである。渡辺和子は、このように紹介している。「『日本人の身の丈に合った着物でなければ、日本にキリスト教は馴染まない』。井上神父は、遠藤周作と思いを共にした人であった」（『井上洋治著作選集』への推薦の言葉）。井上の最大の理解者である山根道公の言葉はこうだ。「井上神父は、日本の人たちに福音を届けるためには、その人たちと対話できることが必要不可欠で、そのためには、まずは人間イエスの魅力を日本の人たちの心の琴線に触れる言葉で伝えることが大切なのだと語っていた。それによってイエスに関心をもち、イエスとの出会いに導かれた人にとって、イエスが信仰の対象になっていくためには、聖霊が働いてくださることを信頼して、お任せすることなのだと言っていた」（「牧会者のポートレート」『説教黙想アレテイア』89号、日本キリスト教団出版局、二〇一五年）。

井上は、日本の人たちに福音を届けるために「まずは人間イエスの魅力」を伝えることに集中した。それはつまり、《神の子イエス》を語ることよりも、《人間イエス》を語ることをあえて優先させた、ということでもある。そのことはクリスマスを「一人の人間の誕生日」として語ることの講演を貫いている。

講演の冒頭で彼が提出するのは、「イエスがその生涯において私たちに残していった精神的遺産とは一体何なのか」（本書150頁）という問いである。降誕の出来事において《父なる神》が何をなさったか、ではない。それどころか《神》という言葉の注釈として、「もし神という言葉がお嫌いな方は、私たちを生かしている大自然の生命とお考えくださっても結構ですが」（本書157頁）と語るが、そのときイスラエルの神ヤハウェの特殊性、人格性は無視している。また、「キリスト」という称号についても「関白」と並置し、特別な神学的含意にはふれない。イエスの生涯について「みじめな色あせた挫折の生涯」（本書153頁）と要約し、十字架への道行きが神の意志への能動的な服従だったことには言及しない。『星の王子さま』や『青桐』や良寛の俳句を引用して詳細に語るが、聖書からの明確な引用はただ一回、フィリピ書第二章の「キリスト賛歌」だけである。しかもそこでは「キリストの復活」について、「死人が棺の中からこの三次元の世界に生き返ってきたなどということではさらさらない」（本書161頁）と語り、復活がからだの復活であるという証言（ルカ二四・三九ほか）は紹介しない。

これらの問題を、井上がよく知らないはずがない。それでも、彼はあえて《人間イエス》に集中した。「イエスが信仰の対象になっていくためには、聖霊が働いてくださることを信頼して、お任せ」しているのだ。そして実際、彼は誰よりも多くの人びとを慰め、洗礼者を生み出した。会場は市民公会堂。おそらく、多くの非キリスト者が集っていたことだろう。わたしは、パウロの言葉を思い出す。「すべての人に対してすべてのものになりました。何とかして何人かでも救うためです。福音のためなら、わたしはどんなことでもします」（一コリント九・二二―二三）。

講演の最後で井上はそっと神を語る。いつの日か聴き手たちが、この言葉の意味を受け止めてくれることを願いながら。「泥まみれになった一葉の紅葉が、己れを無にして無心に散ったが故に、秋風を私たちに告げているように、馬小屋から十字架までの一見色あせ挫折したようにみえるイエスの生涯もまた、神の働きの偉大さを告げるという、深い重大な意味をもっていた」（本書161頁）。

九九パーセントが非キリスト者であるこの国で福音を語る説教者にとって、彼の存在は無視できない。彼は聖霊の働きに信頼し、「何とかして何人かでも救う」ことに徹したのだ。

# 輝く明けの明星

大村　勇

イザヤ書　第一一章一―九節、ヨハネの黙示録　第二二章一六―一七節

皆さん、クリスマスおめでとうございます。

わたしは今からちょうど五十五年前、アメリカのボストンという古い町で、国を離れて初めてのクリスマスイヴを祝う経験をいたしました。そのクリスマスイヴの夜、ラジオで、大西洋を越えたロンドンの一番大きな国教会ウエストミンスター・アベイの鐘の音が響いてくるからみんなで聞こうというアナウンスがあり、初めてその鐘の音を聞きました。わたしは子どものときからクリスチャンホームで成長しましたので、クリスマスというのは、山の国の小さな教会で育ってよく知っていました。しかし、この初めて国を離れた外《と》つ国でクリスマスイヴを迎え、その町の静かなクリスマスイヴの祝

い方を経験したのですが、これは、わたしにとっては本当に忘れ難い経験でありました。本当にクリスマスというのは全世界の祝いであり、喜びである。子どもも大人も全世界の人々にとっての喜びの時であるということを実感として味わうことができたわけであります。

クリスマスというのはなぜこのように全世界、全人類の喜び祝う時であるのか。少なくとも二つの意味を考えることができると思うのであります。一つは、今も聖書で読みましたように、マタイやルカの福音書の初めのほうにありますように、神の子イエス・キリストが、宿る部屋もなくてついに馬小屋で生まれた。そして飼い葉おけの上にぼろに包まれた赤ん坊として生まれた。二千年昔のそういう不思議な出来事が、すべての民に与えられた大きな喜びのしるしである。そういう人知れず馬小屋で赤ん坊が生まれたということが、全世界、全人類にとってグッド・ニュースであるということを聖書が告げている。つまり全人類にかかわる真理、それのしるしであるということをルカの福音書第二章では飼い葉おけに寝ている幼な子、これがすべての民に与えられる大きな喜びのしるしであるということを告げているわけであります。

「しるし」というのは、ご承知のように、見えないものが見える形で現される。言わば神さまの愛という見えない働きが、見える形をとって、不思議なしるしで人間の思いを絶する形で、いぶせき馬小屋の中に起こった。そういうことを、全世界の代々の教会は告げている。クリスマスの喜びというものが世界、全人類の運命にかかわる事柄であるというのは、実にこのいぶせき馬小屋に幼な子が生まれたという、代々の教会が指し示しているクリスマスの喜びの原点とも言うべきものであります。ところが、クリスマスの祝い方に、だんだんいろいろな付け足しが出たり、間違った行き方になったりして、日本などではキリストのいない形でのクリスマスというのがはやりになっているということもありますけれども、ともかく、知らないでそういう形になっているのであって、見えない神さまの愛のわざは、いろいろな形で非常に素朴にわれわれに告げられているのであります。

もう一つのクリスマスの喜びは、このイヴが終わって二五日が過ぎると、過ぎてしまう年中行事のような形のものではないということであります。そのことが今晩の黙示録の中に記されております。「わたしイエスは、使をつかわして、諸教会のために、これらのことをあなたがたにあかしした。わたしはダビデの若枝また子孫であり、輝く明けの明星である」。

ここを読みますと、「わたしイエスは」というふうに、イエスご自身が、大昔の赤ん坊や亡くなってしまったイエスではなくて、イエスご自身が今も生きていたもう、そしてなまな自己紹介をわたしたち一人一人に宣言し、語りかけているのであります。「わたしイエスは、輝く明けの明星である」と。他の箇所で、聖書は「われわれの信じる神様はわれわれに語りかける神様である」とも記しています。古い時代には、預言者やその他の形で語られたけれども主の時代、今の時代においては、御子において、わたくしたちに語りかけている、ということをヘブル書の記者が初めのほうで言っております。つまり神さまという方はイエス・キリストにおいてわたしたちに語りかけているのであります。

クリスマスイヴというのはそういう全世界の人々に、生きて働いている愛の御声として、「わたしイエスはこれこれである」と語りかけているということを心によく刻んでおきたいと思うわけであります。そのイエスは馬ぶねに臥した幼な子であったが、だんだん成長し、そして十字架上で殺されて、死んで、しかも三日目によみがえって、昨日も今日もいつまでもわたしたちの中に生きて働いていたもう。そういう形でわたしたち一人一人にイエス・キリストは語りかけられる。ですから神の言葉というのは、ただ文字に記されているだけではなく、今もわたしたち一人一人の、大人であれ子どもであれ、どこの言葉であれ、とにかく語りかけているのであります。そういうことが、この黙示録の言葉であります。

したがって、わたしどもは、一人一人がどんな人間であっても、どんな言葉を使っていても、またfamいめいが今どんな生き方をし、どんな悩みや悲しみや苦しみの中にいるか、牢屋にいるか、難民として宿なしでいるかどうか。そういう人間それぞれの形、生き方が違っていても、それにもかかわらず、すべての人たちに何の隔てもなく、一人ももれなく、神さまの語りかけを知るように招かれているというのがクリスマスの共通の喜びであります。しかもこの黙示録では、「わたしは、ダビデの若枝また子孫である」と記されております。イエスというお方の誕生は、偶然そういうような形で生まれてきたというのではなく、実に神に選ばれた民、イスラエルの歴史を背景とする、神さまの深い長い計画というものが、こういう形でイエスにおいて現れたのであります。ですからイエスが、わたしがダビデの子孫であると言うときに、これはただ血筋の問題だけではなくて、イスラエル民族をとおして導かれている人類の待望のクライマックスなのであります。パウロはガラテヤ人への手紙の中で、「時の満ちるに及んで、神は御子を女から生れさせた」（四・四）という言い方で、時が満ちた、神さまの決断の時が起こって、そしてイエスがこの世に生まれ、死に、よみがえるということが起こったと言っているのであります。しかも大切なことは、そのイエスは、「輝く明けの明星」であるということであります。

皆様は東京に生活しておられて、明けの明星というものをご存じでしょうか。見たことがあるでしょうか。わたしは遠州の浜松在、三方が原というところに住んでいて、今でも毎朝六時前にまだ夜が明けないときに、あたりを散歩するわけであります。今年は雨があまり降らないので、ほとんど毎日、よく晴れた静かなまだ夜の明ける前の空に、明けの明星が、きらきらと大きく輝いているのを毎朝見て散歩しているわけであります。実に夜明け前の空に輝く美しい光であります。

昔の人たちは皆、光のない世界で夜を労働したり、いろいろ悩み悲しんだりして過ごしました。それらの人たちは明けの明星が輝くときに、ああ夜が明けて朝が来るんだということを実感したでしょう。これはわれわれが、無理矢理するのではなくて、人間の力を超えた神さまのわざが、暗い夜を過ぎ去らせ、新しい朝を与えてくださるのであります。「夜は夜もすがら泣き悲しむとも、朝《あした》には喜び歌わん」という詩篇の言葉（三〇・五）があります。ところが、その空に輝く明けの明星というのを、イエスご自身が、「わたしは明けの明星である」と言っておられるのであります。もちろんこれは象徴的な言い表し方でありますが、このときに古代人が、自分たちの要求や力を超えて、神さまが夜のとばりをかいくぐり、新しい朝を与えてくださると考えたのでしょう。明星が輝いて、だんだん東の空が明るくなってきて、朝日があがりかかってくると、明星はいつのまにか消えているわけであります。つまりこういうことを聖書がわれわれに告げているのであります。

イエスが「わたしは明けの明星である」というとき、そこに暗い夜が明けて朝が来るのであります。目に見える形を超えて、全世界、全人類、すべての被造物の運命にかかわるまったく新しい積極的な神さまの支配、神さまの支配する日、夜明けが、今近づいている。新しい時代が明けそめているんだということをイエスは「わたしは明けの明星である」と言われているのであります。明けの明星であるというときに、あのお星さまそのものをたとえて、そのように暗い夜が過ぎ去って朝が来る、全人類の運命にかかわる新しい時代が始まるのだ。

それから明けの明星というのは、古代人は王様の権威を象徴するのだというふうに言っていたわけであります。まことに夜明けに明けの明星を見ていると、静かに瞬いているのですけれども、ある威厳がある、そして支配しているという感じがする。あのブラウニングという人の詩に「神、空にしろしめす。世は、すべて事もなし」という言葉がありますけれども、神さまが統べ治めていたもう、神さまが空に王として支配しておられるときに、この世界はこともなくつまり平安に過ごされるのであります。ハレルヤコーラスのクライマックスのところはご承知のように「キング・オブ・キングズ、ロード・オブ・ローズ。アンド・ヒー・シャル・レイン・フォーエバー・アンド・エバー（王たちの王、主たちの主。彼は永遠に統べ治められる）」を繰り返して歌うわけでありますが「わたしイエスは明けの明星である」と言うときに、本当はそういうキング・オブ・キングズ（英国王はそれが歌われているときに起立して歌ったということが伝えられておりますが）、王の王であるイエスご自身であるわけであります。

先ほど旧約のイザヤ書を読んでいただきましたが、そのイザヤの預言の中に「エッサイの株から一つの芽が出、その根から一つの若枝が生えて実を結び、その上に主の霊がとどまる」とあります。これは、エッサイの系統を引くダビデ王の位を引き継ぐメシヤの預言であります。そしてこのメシヤというのは「主を知る知識と主を恐れる霊」がその上にとどまることによって、このメシヤが王としての支配をするのであります。すると、ここに非常に不思議なことが起きてきた。「おおかみは小羊と共にやどり、ひょうは子やぎと共に伏し、子牛、若じし、肥えたる家畜は共にいて、小さいわらべに導かれ、雌牛と熊とは食い物を共にし、牛の子と熊の子と共に伏し、ししは牛のようにわらを食い、乳のみ子は毒蛇のほらに戯れ、乳離れの子は手をまむしの穴に入れる。彼らはわが聖なる山のどこにおいても、そこなうことなく、やぶることがない」。

不思議に、お互いに争ったり食い合ったりするはずの猛獣や毒蛇、野生動物たちがたくさん書いてあります。しかも小さいわらべに導かれて、どこもそこなうことがなく、破ることがない。言わば、和らぎがあり、平和があるのであります。本当に生きとし生ける者の、共存の世界というものが、ここに描かれているわけであります。わたしは毎年、クリスマスを迎えるごとに、この箇所を思い起して、どうも非常に不思議な驚きの思いをするわけであります。けれども、この不思議な動物たちの共存の姿。神さまの呼びかけ、そして神を知る知識と神を恐れる霊に支配される、そういうときに、こういうことが起こってくる。つまりクリスマスの秘密の原点とも言うべきものがここに現れているのであります。

しかも、もう一つのわたしが注意したいと思うのは次の点であります。それは、クリスマスはただ人間だけの喜び、人間だけに恵みが与えられているのではなく、ここには動物たち、猛獣だの毒蛇だの家畜だのが、おのおのの存在を超えて、もはや破ることもなく、そこなうこともなく、まるで違った形で共に生きている姿が、描かれているわけであります。少し脱線的となりますが、皆さんは、ベツレヘムの馬小屋でのイエスの誕生、赤ん坊としての誕生の絵を、古今東西のものを、昔からいろいろ見ていると思います。その中で一つ気がつくことはその馬小屋の中に、牛か馬か、とにかく動物が顔を出しているということです。普通の場合わたしたちはクリスマスの絵を見て、そこに馬や牛のようなものが顔を出していても、ただ付け足しのように見ているのであります。けれども、わたしはこのイザヤのメシヤ預言の中に登場してくる野生動物、あるいは家畜たちの、共存の姿を見ておりますときに、どうもこのベツレヘムの馬小屋に描かれている動物たちも、ただ付け足しではなく、何かこの預言とつながりがあるのではないか。言い換えれば、野生の動物と言えども、イエス・キリストによって与えられた神の愛のわざというものを、共有しているように感じるのであります。

つまり、クリスマスというのは、ただ単に人類、人間だけのものではなくて、動物も描かれているということを、わたしたちは、勝手のようですけれども、近ごろ深く感じるのであります。そのような問題意識は、最近の日本での自然破壊について感じられます。たとえば北海道の知床国立公園で、森林がだんだん伐られて、そしてそこでのシマフクロウとか、クマゲラとか、かけがえのない大切な鳥たちが、絶滅しそうになっている。また沖縄の北のほうにヤンバルというところがありますが、そこに本当に世界にここだけしかいないというヤンバルクイナとか、あるいはノグチゲラとかいう貴重な鳥がいるが、だんだん木が伐られてしまって人間が開発していってそういう貴重なものが失われていくという。

この間、新聞に、英国の世界鳥類保護会員という仕事をしている一人の四十歳ぐらいのケンブリッジ大学を出た人が沖縄のヤンバル地区に入り込み、非常に心配して、一生懸命何とかこの鳥たちが絶滅するのを防ぎたいと努力しているということが書いてありました。その人が新聞の「人」という欄に書いていたことですが、「人間だけではなくて、野生動物も、生きる権利がある。そして、われわれは、こういう互いに生かされている野生動物それぞれが、それぞれの体系の中で、共存の道を見出していかねばならない。それの基礎になっている事柄の中に、人間の罪の問題があるのだ」ということを言っております。今、わたしどもは、この国の中に生きているかけがえのない野生動物が、絶滅する危険の中にあるという問題を抱えているわけであります。そうすると、ベツレヘムの馬小屋に顔を出している動物というものの運命と、今日のわれわれに問われている問題とが、あるわけです。そういうことをわたしはこのごろしきりに心配する毎日であります。

先ほど讃美歌で「まぶねのかたえにわれは立ちて」（一〇七番）と歌いました。クリスマスイヴは、馬ぶねのかたえに、めいめいがもういっぺん立たされて、明けの明星として全世界、全人類を支配しているイエス・キリストが、単に人間の運命だけではなく、小さな人知れず弱く生かされている野生の鳥や、獣や、小さな虫たちも、皆キリストの恵みにあずかる資格がある、クリスマスに招かれているのだということを今夜はもう一度皆様と共に考え、そしてこういう絶滅の運命にある動物たちと共に生きる姿、牛や馬や熊や小さいわらべに導かれて蛇とたわむれている子ども、乳飲み子の姿というものを、もう一度心に描いてみたいものであります。人類の先祖、エデンの園におけるアダムとエバは、蛇にだまされて罪の中に落ち込んで楽園を出てしまいました。けれども、本当にメシヤが王となるときに、これが逆転して、蛇と乳飲み子がたわむれているという姿、こういう世界をわたしどもは待ち望みたいのであります。

主よ来りませ。すべてのものが新たになることを、本当に待とうではありませんか。

イエス・キリストにおいて語りかけておられる神さまの御言葉を本当に聞くならば、それにわれわれは応えなければならない。今夜わたしどもは、聞き放しているのではなく、御言葉が、われわれが背負っている今の時代の中で、本当に和らぎや、破れない平和が和解をもたらしてくださっているということを思いながら、めいめいが生活の中で責任を果たし、神さまに応えていくことが求められていると思います。

クリスマスイヴを守るに当たり、そのことこそが、わたしたちの責任ではないかということをしきりに思わせられるわけであります。

「わたしイエスは、輝く明けの明星である」と仰せたもう御子なるイエス・キリストよ、今宵は阿佐ヶ谷教会において、この主のご降誕を喜び祝うひとときを備えてくださいましたことを心から感謝申し上げます。わたしどもの生かされているこの時代は、様々な人間の罪と過ちのゆえに、破れ、乱れ、人類全体の危険をさえはらんでいる時代でございます。しかも、イエスがこの闇の中に「輝く明けの明星」として、イエスが統べ治めたもうこの福音の真理を、わたしどもがめいめいの心に深く刻んで、主の十字架とわれらに代わって悩みたもう主の尊い貧しさをわれわれが身につけて、主に従って歩むことができるようにお導きください。どうかめいめいの家庭において、めいめいの生活の中で、担っているいろいろな悩み、苦しみ、悲しみをも取り除いて、主のご支配を告げ知らせる明けの明星として、われわれの心に臨んでくださいますように。主イエス・キリストの御名によって感謝し、お願い申し上げます。

（一九八六年一二月二四日、聖夜讃美礼拝）

（『大村勇説教集　輝く明けの明星』日本基督教団阿佐ヶ谷教会、一九九一年所収）

**大村　勇**（おおむら・いさむ、一九〇一―九一）

山梨県の農家に生まれる。家族が通っていた教会で幼児洗礼を受け、青山学院神学部に進学。卒業し、一九二八―三一年、日本メソヂスト千葉教会牧師。三一年より三年間、ボストン大学神学部に留学し、三四年から阿佐ヶ谷教会の牧師となる。三七年、教会を辞して青山学院神学部長、四〇年、阿佐ヶ谷教会に戻る。戦後は日本基督教団の新体制整備に尽力した。六二―六六年、日本基督教団総会議長、六七―七〇年、日本キリスト教協議会（ＮＣＣ）議長を務めた。何よりも心を砕いたのは、七五年まで続いた阿佐ヶ谷教会での牧会であり、メソジスト教会の伝統を生かしつつ、長きにわたって信徒の共同体の育成に励んだ。

## 《空間》のなかで、主イエスの肉声を聴く

文字で読む説教は説教そのものではない。説教は礼拝で行われる営みであり、神の言葉を響かせる説教者の声、肉体が必要であるし、その声に心を開いて耳を傾ける会衆が必要である。そうして、説教者と会衆は神の出来事に巻き込まれ、三位一体の神を礼拝するのである。

今から三〇年以上前、この説教が行われた礼拝で、わたしは会衆席に座っていた。神学校に入学後、間もないクリスマスだった。説教者大村勇は八十五歳。すでに主任牧師からは退いていた。

ぶ厚い老眼鏡、おぼつかない足もと。若者のわたしにはずいぶん年老いているように見えた。牧師として四〇年仕えた教会の礼拝に久しぶりに帰ってきた大村は、誇張的な表現を一切退け、淡々と語った。静かな枯れた声だった。

「皆様は東京に生活しておられて、明けの明星というものをご存じでしょうか。……わたしは遠州の浜松在、三方が原というところに住んでいて、今でも毎朝六時前にまだ夜が明けないときに、あたりを散歩するわけであります。今年は雨があまり降らないので、ほとんど毎日、よく晴れた静かなまだ夜の明ける前の空に、明けの明星が、きらきらと大きく輝いているのを毎朝見て散歩しているわけであります。実に夜明け前の空に輝く美しい光であります」（本書170頁）。

この言葉が、わたしのまわりに《空間》を造った。朝を待ちながら、暗闇を歩く老牧師。わたしもまた、夜明けを待ちながら、「きらきらと大きく輝いている」「明けの明星」を見上げつつ、おぼつかない足で暗闇を歩いた。

そこに、「イエスご自身」が語られる声が直接飛び込んできた。「わたしは明けの明星である」。それはわたしにとって、暗闇に光り輝く、復活の主イエス・キリストの肉声そのものだった。すでに大村は、「ここを読みますと、『わたしイエスは』というふうに、……イエスご自身が今も生きていたもう、そしてなまな自己紹介をわたしたち一人一人に宣言し、語りかけているのでありま す。『わたしイエスは、輝く明けの明星である』と」（本書168頁）と語ったが、以後説教中、このイエスの言葉を繰り返し、会衆に語りかけている。今も忘れることのない説教経験である。

この説教は、黙示録をテキストとしながら、クリスマスを終末の出来事の開始として語る、《一句説教》として分類することができるだろう。テキストそのものを講釈することには関心がない。むしろ、「輝く明けの明星」を《見させ》、神の語りかけを《聴かせ》ることに集中している。

興味深いのは、イザヤ書第一一章に想像力を刺激され、「野生動物、あるいは家畜たちの、共存の姿」（本書173頁）をクリスマスの絵に発見していることである。もちろん、福音書のクリスマスの記事には、あの場所に牛や馬がいたという記述はない。しかし、そこにさらに、シマフクロウ、クマゲラ、ヤンバルクイナ、ノグチゲラなど、他の動物たちを思い描いていく。全被造物の終末の希望として、降誕祭を語るのだ。何とスケールの大きな説教だろう。

信仰の画家ルオーは、青年時代には青を基調とし、激しい筆致で時代を告発したが、晩年は赤や黄色を多用し、明るく穏やかな世界に鑑賞者を招き入れた。大村勇の晩年の説教からも、同じ香りがする。

漆黒の闇を、「明けの明星」を仰ぎながら歩く老人、大村勇。その祈りが心に響く。

「主よ来りませ。すべてのものが新たになることを、本当に待とうではありませんか」（本書175頁）。

# 愛は落ち着かない

左近　淑

詩編　第一一三編、ルカによる福音書　第一章三九―五五節

小山晃佑先生のお書きになった書物に『落ち着かない夜』というのがあります。

小山晃佑先生は、アジアを代表するキリスト教世界の指導者であり、早くも一九五九年か六〇年にタイ語を学んで、タイ国のチェンマイ神学校で教えられ、その後シンガポール、さらにニュージーランド、そして一九八一年からニューヨークのユニオン神学大学の教授をされている方で、神学生の頃、この阿佐ヶ谷教会で過ごされた方であります。

先生の『落ち着かない夜』の中に、こういう文章が出てまいります。

「大きなところに、どっかりと落ちつかない、ということが、愛ということの本質ではないだろう

か。……なまけものの愛ということはありえない。なまけものの愛とは、いつも馴れたところに、座りこんでしまった愛であって、それは愛の破産にほかならない。愛というものは、自己保存のため武装をしない。……愛は傷つけられることを恐れ……ない」。

今夜、このクリスマス・イヴに〈落ち着かない〉愛をご一緒に考えたいと思います。

クリスマス・イヴ、聖夜、わたしたちはしーんと静まりかえった〈静かな〉夜を考えます。静けさと美しい歌声を求め、日頃の喧騒を避けて、心を静めたいと願います。

さきほど聖歌隊がうたいました一一五番、

ああ　ベツレヘムよ　などかひとり

星のみ匂いて　ふかく眠る。

そして、この話のあと、再び聖歌隊がポーランドのカロルをうたってくださいます。

まぶねにやすけく　ねむれるみ子を

見まもる牝牛の　なきごえのどか

この二つの〈静〉、静けさの間にある〈落ち着きのない動き〉、〈動〉に思いをひそめてみたいと思います。

聖書ではクリスマスの夜、みんな動いています。星も博士も羊飼も動いています。ベツレヘムは、宿屋に泊まる場所さえないという雑踏の中にあります。

それより九か月前、神の御子をみごもったマリヤも落ち着いていません。なまけていません。座りこんでいません。無関心な人は落ち着いています。じっとしています。平気でいられます。

「そのころ、マリヤは立って、大急ぎで山里へむかいユダの町に行き」（三九節）を私たちは一気に読み流します。「山里」と聞くと、美しいのんびりとした景色を思い描きがちです。しかしテキストは「山地」「山々」と書いています。いつまでも、どこまでも続く、ごつごつとした岩はだの多い山地、そこを大急ぎで、衣がすそにまといつくのを気にしながら、独り早足で南を指して行く若い村娘、それがマリヤです。

彼女はどこから「ユダの町」に行ったのでしょうか。それは二六節に書いてあります。「ナザレ」からです。今、ヨハネ生誕教会とエリサベツをマリヤが訪問したことを記念した訪問教会は、エルサレムから数キロ離れたエン・カレム（ぶどう園の泉）という、しっとりとした静かな山あいの、それこそ山里にあります。ナザレからエン・カレムまで直線距離で一一〇キロメートル以上あります。今日、バスで全速力でとばしても、山あり谷あり上ったり下ったり曲りくねった道を四時間以上かかります。おそらくマリヤは一週間はかかったでしょう。

マリヤは、ふつうの体ではないのです。身ごもっているのです。二六節以下の受胎告知があってから、それほどの時が経っているとは思えません。私どもはよく若夫人に注意します。「妊娠初期は大切よ、気をつけなさい、流産するから」。

マリヤはなぜ落ち着いておれなかったのでしょうか。なぜ大急ぎで、こんな長い道のりを一人で旅をしたのでしょうか。なぜ労をいとわずにエリサベツに会おうとしたのでしょうか。三六節には「親族」と書いてあります。「親類」なら、だれでもこうするのでしょうか。「遠くの親類より近くの他人」ということわざがあります。親族というだけでは説明になりません。

マリヤは落ち着いていません。急いでいます。二四節に「エリサベツはみごもり、五か月のあいだ引きこもっていた」とあります。エリサベツは人も知る年寄りです。高年齢出産、とくに初産は危険です。引きこもって大事をとって無理をさけるのは当然です。マリヤは放っておけなかったのです。長い間「うまずめ」とさげすまれて来たエリサベツおばさんが妊娠したと伝え聞いて、矢も楯もたまらなかったのです。

愛は落ち着くことをゆるさない。落ち着かない。馴れたところに座りこんでしまうなまけ者の愛、「それは愛の破産にほかならない。愛というものは、自己保存のため武装をしない。……愛は傷つけられることを恐れ……ない」のです。

五六節によりますと、マリヤは妊娠六か月のエリサベツのもとに「三か月ほど滞在」したとあります。つまり出産直前まで何くれとなく世話をした、うぶ着をつくったり、水を汲んだり——今、訪問教会の坂を下った所に、マリヤの泉というのがあります——毎日、朝に夕にエリサベツのためにマリヤはからの皮袋をさげて坂を下り、重い水を頭にのせて丘をのぼったかもしれません。

こうしてマリヤは、妊娠三、四か月の身で一週間の一人旅をしてナザレに戻ったことになります。愛は落ち着かない。落ち着くことがない。けれども、マリヤよりも、もっともっと、ずっとずっと落ち着いていない方がいます。クリスマスに一番落ち着いていない方に、わたしたちは心を向けなければなりません。

「大きなところに、どっしりと落ち着かないということ」が愛の本質であるならば、聖書の神は「大きなところに、どっしりと落ち着かない」第一のお方です。それがうたわれているのが詩編一一三編です。四―六節

　主はすべての国を超えて高くいまし
　主の栄光は天を超えて輝く。
　わたしたちの神、主に並ぶものがあろうか。
　主は御座を高く置き
　なお、低く下って天と地を御覧になる（新共同訳）

この詩がほめたたえていることは、この詩が賛美していることは、聖書の神が大きなところにどっしりと落ち着かないで、低く下ってこられる行動です。「低く下って」という動詞は、文語訳では「己を卑《ひく》くして」と訳されていました。「低く下って」というこの形は旧約聖書に三回だけしか出てきませんが、口語訳詩篇一四七篇六節では「（悪しき者を地に）投げ捨てられる」と訳されています。

すべての国を超え、天を超えて高い高い高いお方が、天の王座に君臨しておられるお方が、その高みから己を投げ捨てて、低く降る、とび下りる、ここには〈動き〉があります。〈すさまじい〉動きがあります。愛は落ち着かないのです。破れはてるのです。「愛というものは、自己保存のため武装をしない。……愛は傷つけられるということを恐れ……ない」のです。

この後、わたしどもは讃美歌一〇六番をうたいます。グロリヤ　インエクセルシス　デオとくりかえします。「いと高きところでは、神に栄光があるように」とたたえます。最初のクリスマスの夜、天の大軍が賛美した神の栄光とはどういう栄光でしょうか。己を投げ捨てて低く下って、天には残っていない神の栄光です。投げ捨てられた栄光、千々に破れはてた栄光、傷つけられ、破れはて、泥にまみれた栄光です。クリスマスにおける「神の栄光」とは、それ以外のものではない。

「なお、低く下って天と地を御覧になる」神は、ただ見るのではなく、深く心の底にわけ入って、見入って下さる。神が目をとめられるのは、詩篇一一三篇七―九節では、はっきりと「貧しい者」（七節）、「乏しい者」（七節）、「子を産まぬ女」（九節）です。「子を産まぬ女」で意味されていることは、生きる意味のない人ということであります。

もう一度、ルカによる福音書に帰りましょう。エリサベツも、今の今まで長年の間「主の戒めと定めとを、みな落度なく行っていた」（六節）にもかかわらず、人々の冷たい視線に耐え、どうにもならない苦しみを引きずっていました。エリサベツの喜びは二五節をギリシア語の順番に訳すと、よくわかります。

「こんなにも　このわたしに　して下さったのです　主は」

神様は〈存在の耐え難い軽さ〉にあえいでいるひとりひとりと共におられます。

「言は肉体となり、わたしたちのうちに宿った。わたしたちはその栄光を見た。それは父のひとり子としての栄光であって、めぐみとまこととに満ちていた」（ヨハネ一・一四）

聖書がクリスマスにどうしても伝えたいただ一つのことはこれです。高い、高い、高い、想像を絶する高い方が、そこにどっしりと落ち着かないで、己を投げ捨てて低く下って、天のひとり子としての栄光を示された。これです。ここにクリスマスの示す愛の価値があります。

日本人は、今、昭和の終わりを迎え、二〇世紀の終わりを迎えて〈落ち着いて〉いません。愛ではなく、不安で落ち着いていません。この豊かさを失う不安で落ち着いていません。終戦後、朝鮮動乱という隣国の苦しみをきっかけに経済的立てなおしが始まり、一九六四年にオリンピックをし、高速道路をつくり、国民総生産が世界第二位になり、防衛力も急激に成長し、物質的に富める国になりました。〈持てる国〉に変容しました。日本はいつの間にか経済大国になりました。その力にものを言わせて国際社会に進出するようになりました。その底にあるのは、低いところから高く高く高くなる誇りだけであります。政治も社会も教育もそうであります。

日本人は今、無関心のゆえに落ち着いています。そして今、不安のゆえに落ち着いていません。この豊かさを失う不安に、おののいています。日本人は今、『大国の興亡』を読み、『アメリカン・マインドの終焉』を読みあさっています。今わたしどもが昭和の終わりに当って、二一世紀を迎えるに際して、日本の新しい歩みのために、わたし自身の新しい歩みのために聞くべきことがあります。反芻すべきことがあります。それはクリスマスの真理です。クリスマスに示された神の栄光です。その時、わたしは新しくなります。愛は落ち着かないからです。

マリヤとともに歌う人になります。マグニフィカートを心から歌う人になります。

（一九八八年、阿佐ヶ谷教会）

（『日本の説教Ⅱ 14　左近　淑』日本キリスト教団出版局、二〇〇七年所収）

**左近 淑**（さこん・きよし、一九三一―九〇）

横浜に生まれ、一九四七年、横浜明星教会で受洗。敗戦による崩壊体験や病を得ての挫折などが契機になったとも言われる。受洗とともに神学を学ぶ決心をし、四八年、日本基督教神学専門学校（現・東京神学大学）予科に入学。五八年にはユニオン神学大学に留学し、「十戒」の研究によりTh.Dを取得。六三年、帰国後、東京神学大学専任講師となった。以後、主として旧約学の研究と教育に専念し、協力・代務として関わった阿佐ヶ谷教会や、特別礼拝説教者として自由学園などでたびたび説教を行った。また、新共同訳聖書の翻訳・刊行にも携わった。東京神学大学学長在任中、クモ膜下出血のために五十九歳で急逝。

## テキストを《釈義》することと、《説教》すること

わたしたち説教者の願いは、テキストの釈義と説教が一致することである。《釈義》とは、可能な限り厳密にテキストを読んでいくことである。そのために、わたしたちは原語とも格闘し、注解書をひもとく。しかし、その作業が常に説教に実りを与えるとは限らない。むしろ、説教で注解書そのままの硬い言葉を羅列することになるか、あるいは、釈義を軽視し、どのテキストに

も当てはまるような手持ちの言葉を並べる貧相な説教になってしまうこともある。

左近淑は違う。「第一級の旧約学者でありながら、同時に極めて優れた説教者であった」（『日本の説教Ⅱ14　左近　淑』所収の大島力による解説）。左近の説教においては、聖書学者であることと、説教者であることとの分離がない。

彼が「極めて優れた説教者」であったことは、この説教を読むだけでもわかるだろう。一筆書きのような、太い線が貫かれ、しかもそこに、豊かな色彩で過不足なくディテールが描き込まれている。

最初に、小山晃佑の『落ち着かない夜』から、説教全体を支配する「愛は落ち着かない」というキーワードとイメージを取り出す。次に、「聖書ではクリスマスの夜、みんな動いて」いることに注意を促し、それよりも「九か月前」ユダの町に向かうマリアの様子をリアルに再話する。続いて、詩編一一三編に言及する。取り出されるのは、「低く下って」という動詞である。そこで簡潔かつ印象深いしかたで、この詩編のこころを言い当てる。「すべての国を超え、天を超えて高い高い高いお方が、天の王座に君臨しておられるお方が、その高みから己を投げ捨てて、低く降る、とび下りる、ここには〈動き〉があります。〈すさまじい〉動きがあります。愛は落ち着かないのです。破れはてるのです」（本書186頁）。最後に、もう一度ルカ福音書に戻り、テキストの光のもとで、愛ではなく「不安で落ち着いて」いない日本社会の姿を暴き出す。そして、

「日本の新しい歩みのために、わたし自身の新しい歩みのために聞くべきこと」（本書188頁）としてクリスマスの真理を再定義し、「マリヤとともに」「マグニフィカートを心から歌う人」へと聴き手を造りかえようとする。何と見事な説教であろう。

左近淑は、生前説教集を刊行しなかった。しかし、「聖句研究」を収めた三冊の本を出版している。これらは『左近淑著作集　別巻　聖句研究』（教文館、一九九八年）として合本された。そこに収録されている全一二八編はいずれも短文ではあるが、日本人の手による最良の説教黙想集であるといってよい。

左近は次のようにいう。「説教者として自分に課してきたことは、今日の破れをひきずりながら、会衆と共に上から語りかけられる御言を聴くこと以外のことではない。……説教に教育的機能があるとしても、説教は講義でもなければ講演でもない。そこにあるのは、テキストを通して語られる神の言に相共に聴くという出来事の生起であり、そこに礼拝が起こり、御言への服従が起こるのである」（前出の大島力の解説に紹介されている文章より）。左近は、学問のために学問をしなかった。「今日の破れ」という時代の問いを発し、聖書テキストを通して「上から」与えられる答えに耳を傾ける。そこに礼拝が生まれる。それが左近の釈義であり説教だった。

五十九歳での急逝。まさしく「大いなる喪失」（ユニオン神学大学学長シュライバーによる弔電）であった。それでも、左近淑の説教は、読者のこころにいつまでも生き続けるだろう。

# 生と死

高橋三郎

一

今日のお話に「生と死」という題をつけましたが、これは「いのちの誕生」と言いかえてもよいのです。これから語ろうとしている内容は、いま皆さんと共に歌った讃美歌三五三番の中に凝縮しているように思われるので、このテキストを読みかえしておきましょう。

いずみと溢るる　いのちのいのちよ

という言葉が冒頭に出ていますね。その「いのちのいのち」なるイエス様の誕生を、これから皆さんと共に祝おうとしているのですが、この讃美歌の四節には、

み顔を仰げば　憂いは去りゆき
み腕にたよれば　力は湧きいず

とあります。これは私共がこれから進んで行く歩みを予表する言葉のように思われてなりません。

主イエスよ絶えせず　わが身にともない
光の道をば　歩ませたまえや

この祈りをもって、今日の講演を結びたいと願っている次第です。

その本論に入るに先立って、先生方や生徒の皆さんから寄せられた誕生祝いの言葉に対して心からの感謝を申し上げたいと思います。この愛真の真心が潮のように身に押し迫るような、感動あふれるお祝いのカードでした。その中にこんな言葉がありました。

「先生の愛真に対する思いは本当にふり注ぐ雨のように、愛真にふり注いでいます。それが僕にはよくわかります」。

この学校のため祈って下さることを感謝するという趣旨の言葉は、ほかにもたくさんありましたが、それは降り注ぐ雨のようで、自分にはそれが分かるというこの言葉には、胸を打たれました。そしてこの事は、今日のお話の主題の一つでもあるのです。それと併せてもう一つ、こんな感想もありました。

「先生はなんでそんなに謙虚でいられるのですか?」

私は高ぶりを自分の罪として自覚しており、本当は高ぶりに満ちた人間ですが、この生徒の目には謙虚だと見える。これも深く胸を打つ言葉でした。そして真の謙虚とは何かということも、今日の主題の一つなのです。以上を前置きとして、いくつかの問題を、皆さんと一緒に考えてみたいと思います。

## 二

まず第一に、今から六十七年前のことからお話を始めることにしましょう。それは一九二四年（大正十三年）のことでした。兵庫県淡路島の洲本中学校において、ある英語の先生がこんな話をしたということです。アルプスの山を越えて行く三人の少年の話です。——

A君とB君とC君の三人が、雪のアルプスを一週間がかりで北から南へ越えて行った。明日はいよいよイタリアに着くという前夜、吹雪が激しくてC君はとうとう動けなくなり、雪の中にうずくまってしまった。疲労と空腹と寒さのためだった。A君は利口な少年で、こう言うのです。「私はこれから先の道の様子を見るため一足先に」。こう言って先に行ってしまった。

後に残ったB君は、何とかC君を助けたいと思って抱き起し、右手でC君を抱き、その左手を自分の肩にかけて、二人のからだをぴったり寄せ合いながら、とぼとぼと歩いて行った。かなりの時間歩いて行ったとき、行く手の雪の中に何か黒い物があるのに気がつき、近づいて見ると、それは先に行ったA君だった。彼はすでに凍死していたのだった。そのときB君の心に、稲妻のようにひらめく思いがあった。自分はC君を助けようとしたのだが、自分の方こそC君から助けられたのだ。こうして二人は無事下山することができた、というお話です。

なぜこういう事になったのでしょうか。その理由は、二人が身を寄せ合い、体温を分け合ったからでした。つまり助けることは助けられることだ、とこの先生は語ったのです。この話を何人の生徒が聞いたのか、私は知りませんが、その中の一人に、中田正一という少年がいました。彼はその後六十数年にわたる生涯を通して、この教えを自分の生きざまの中心にすえ、そうだ、助けることこそ助けられることだという真理の道を、ひたすら歩み通したのです。彼は一九七五年から七年間、年齢にすると六十九歳の時から七十六歳の時まで、バングラデッシュで国際協力事業団のチームリーダーとして働いたばかりでなく、これに先立つ一年半の間は、アフガニスタンでも農業復興のため働きました。そして一九八四年には「風の学校」という名の教育機関を設立しました。これは学校という名前で連想するイメージとは全く違うもので、ただ土地と建物を志望者に貸与し、あとは何も教えない、本人が自分で工夫するのにまかせるという学校です。発展途上国での農業協力を目指す若者たちがここへ来るのですが、何でも自分でやりなさい、質問に来れば応えるけれども、こちらからは教えないという方針です。当初はここに一人、あそこに一人、という程度の小さな規模でしたが、その分校が次第にふえて、今では百人以上の人がここから巣立って行ったということです。この中田先生は、日本が行なっている現在の海外協力にいかに無駄が多いかということを身にしみて体験してきた人です。実は昨日、三期生の安田真人《まさひと》君が私のところに来て、最近ネパールに行ってきた話をしてくれました。そこには日本から多額の援助をして建てた病院があるけれども、中に入ってみると高価な機械に菰《こも》がかかっていた。全く使われていない。すぐそばには無料診療をしている人々のグループがあって、本当に地元の人々に貢献している。そういう実情を私に教えてくれました。同じような事態が、農業協力その他の面でも見られることを、中田先生はよくご存じなのです。日本から送り込まれた高価な機械は役に立たない。故障したら修理するための部品が手に入らないからです。使いこなすだけの技術を身につけた人がいないという事情もありましょう。だから中田先生は、現地で手に入る物で、簡単に誰にでもできる方法で、新しい道を切り開こうとされたのです。そして一年間考えたあげく、手で井戸を掘る技術を考案しました。なぜ井戸掘りという着想が与えられたのか、その事情が次のように語られています。――

一九八六年、つまり彼が八十歳のとき、北アフリカにおける現地の事情を視察して、どういう協力の可能性があるかということを直接見るために、彼はセネガルの首都ダカールから、隣国マリの首都バマコに至る国際列車に乗り込みました。友人たちが心配して、やめよと言うのを振り切り、この列車に乗り込んだのでした。実に四十七時間、足かけ三日に及ぶ旅で、一千六百キロのコース。客室にはクーラーもなく、開け放った窓からは摂氏四十度の熱風が吹きこんでくる。暑さは当然の事と覚悟していたが、想像を絶したのは渇きだった。丸一日乗っているうちに、友人の奥さんが用意してくれた二リットル余りの番茶も、自分で大形の水筒に入れてきた水も、みな飲んでしまった。それから渇きとの戦いが始まった。停車駅に水売りが来る時はまだよかった。清潔とは思われなかったが、バケツからコップですくってゴクゴクと飲んだ。しかし、その水売りさえ来ない小さな駅では、どうしようもなかった。彼はその時まで、生水は絶対飲まぬことにしていたけれども、この激しい渇きの前には、そのような心得など無力だった。彼は停車している列車から降りると、近くを流れているセネガル川の水を、手ですくって飲むようになった。そうした旅を続けている中に、彼の頭の中に、次第に明瞭になってくるものがあった。

「水だ！」。

もちろん西アフリカにおいて、水がどんなに大事なものか、充分わかっているつもりだったけれども、渇きに苦しむ列車の中で、初めて腹の底から納得できたのだった。「井戸だ、それも手掘りの井戸だ！」。

この手掘りの井戸を作るために、風の学校における最初の課題は、どのようにしてこの技術を開発するかということでした。私はその当時の消息を、身近かに知っています。この風の学校を始める直前に、中田先生は一度わが家においで下さいました。バングラデッシュの一青年を日本に招こうという相談に乗って下さったのでした。また風の学校の生徒の一人である茂籠《もろ》好彦君は、この愛真高校に一度来てくれましたね。現在ここで使っている水の量が、万一足りなくなるようだったら、この学校の近くに井戸を掘らなければならぬかも知れない。その可能性や展望について実地調査をするために、一週間ここに滞在してくれたのでした。その茂籠君はいまフィリピンにいます。中田先生の教えを受け、現地の人々と力を合わせて、井戸掘りにはげんでいますが、鉄のパイプを上下に動かし、岩盤を貫いて、下へ下へと掘り下げて行く。先日は半年をかけ六十四メートルも掘り進み、ついに水を掘り当てることができた、と伝え聞いています。その技術は現地の人々の知識として定着する。中田先生の考えはこうです。お金だけではだめだ。金を与えることは、相手の依頼心を招く。問題は教育だ。技術を教えることによって、人々を自立へと導く。そして中田先生は、

「玄人（つまり専門的知識の持ち主）は、まず不可能な点を数え上げるが、素人は可能なことしか知ろうとしない」

とも言われました。こうして彼は前人未踏の新しい分野を切り開いて行ったのです。

こう語りながら、私は一つの美談物語をしようとしているのではありません。一九二四年に一人の先生が語った言葉が、少年中田正一の心にとまった。私の推定によると、当時彼は中学五年生だったと思われる。それはこの愛真高校では二年生の年齢です。そのときアルプスを越えて行く三人の少年の話を聞き、これが彼のその後の生涯を決定したのです。私はここに教育というもののすばらしさを感じました。今ここで私の話を聞いてくれる数十名の若者の中から、第二、第三の中田正一が出るだろう。私はそれを期待したいのです。

中田先生について、もう一つ大事な事があります。彼はキリストを信じて生きた人だということです。人を助けることは自分を助けることだ、というふうに言われたが、これは聖書の思想にも通じますね。マタイ福音書の中に、

「自分の命を救おうと思う者はそれを失い、私のために自分の命を失う者は、それを見いだすであろう」（十六25）

というイエスの言葉がある。そのパラフレーズをこういう形でしておられるのではないか、と私には思われるのです。あのイエス様の生きざまが、彼の中に受肉している様子を知って私は驚きました。彼は過ぐる日中戦争のとき、工兵の小隊長として四年半ほど「華南」にいた人です。ただひたすら道を作り、橋を架けてきたということですが、部隊が前進する時には先頭に立って道を開き、退く時には後尾について処理をしてくる。もうだめかと何度も思ったけれども、不思議に生きのびることができた。そして直接中国人を殺傷した覚えはないが、日本軍人の一人であったことには変りがない。そして日本人としての罪責を心に覚え、この罪のためアジアの人々に何とかしてつぐないをしなければ、という思いがその生涯を貫いたということです。私共はこれも深く受けとめなければなりません。

彼は文字どおり死線を越えてきた人でした。さきほど申したように、アフガニスタンにも一年間挺身したのですが、ソ連の軍隊がそこから撤退した後、ただちにそこへの入国を企てたのでした。だがそこには無数の地雷が敷設されたままになっていたので、危くて歩けない。現地の人がおっかなびっ

くりで歩いているのを見て、彼は思わず、

「僕についていらっしゃい」

と言ってしまった由です。それは地雷を踏んだり、砲弾に当たったりすることはまずないという、奇妙な自信があったからでもあるのですが、死んでもいい、悔いのない人生を送ってきたのだから、死んでも思い残すことはないという思いがあって、事実無事に帰ってくることができたのでした。しかし人柄としては、生命をかけた者の悲愴感など少しもなく、淡々として悠然と生き抜いた人でした。そういう人物をここで追慕しながら、その背後にいらっしゃるイエス様の恵みについて、これから考えたいと思う次第です。

三

クリスマスを十二月二十五日に祝うようになったのは、文献によると、三世紀か四世紀のことだということですが、これは正確な誕生日ではないらしく、それ以前にクレメンスという人は、五月二十日がイエス様の誕生日だと推定したそうです。その後間もなく、十二月二十五日をクリスマスとして祝うようになったのでした。これはどういう日かというと、ちょうど冬至の日であって、太陽が一番南にさがっている極限の日に当っています。そしてこの日は、実は太陽神の誕生日として祝われていたのです。

皆さんは太陽を拝んでいる人を見たことがありますか。私の近所には、太陽に向かって拍手《かしわで》を打ち、これを拝む人がいます。現代の科学的知識によれば、太陽はヘリウムの固まりである。しかし昔はそんな知識がなくて、多くの人が太陽を神として拝んでいました。太陽の光がなければ生命は生存できないのだから、太陽が生命の母だとされたのは当然の成りゆきでした。この太陽が神としてあがめられたのは、紀元前十四世紀にまでさかのぼるということで、今から数えると三千年以上も昔のことです。実に長い歴史を背後に持つ太陽神崇拝でした。これは生命の神であり、後には軍隊の神ともなって、ローマではSolinvictus（不敗の太陽）としてあがめられました。キリストの福音がローマ世界に入ったとき、最大の敵対者となったのはこの太陽神崇拝だったと言われています。つまり太陽を神とする思想は、汎人類的なものであったのです。

これに対して、イエスこそわれらの救い主という思想が激突しました。ところがクリスチャンはどういう方法でこれを克服したかと言うと、この太陽神の誕生日を、イエス様の誕生日として取り入れてしまったのです。いま世界中でクリスマスが祝われていますが、元来は太陽神の祝日だったということを覚えている人は、ほとんどいないのではないでしょうか。この日をこちらに取り込んでしまったとも言えるし、相手の土俵に乗り込んで行ったと言ってもいい。いずれにせよ、十二月二十五日がクリスマスになったということの中に、私は大きな意義を感じるのです。

それはどういうことかと言うと、古代人の間には、植物が春に芽生えて葉をつけ、花を咲かせて種をつくり、冬になると枯れるというふうに、一年を周期として生と死が循環するさまの中に、神々の生と死を見るという宗教思想がありました。万物が死んで行くその絶頂である十二月二十五日に、新しい生命が誕生するという植物神を、人々はあがめていたのです。そしてわれわれの人生に対しても、これは深い類比を持つ思想だと言わねばなりません。今ここにいる人は全部、必ず死ぬのです。これには一人の例外もありません。そうだとすれば、結局は死が世界を支配しているということになるのだろうか。論理的に突きつめて行けば、人は必ず死ぬのだから、死は鉄のような支配者だと言うことができるでしょう。

しかしながら、そうではない、生命が支配しているのだと信じているからこそ、われわれは学校を建設し、皆さんも勉強にはげんでいるのではないか。生命の成長への期待がなければ、教育は成り立ちません。私たちは皆それぞれ希望を持ち、将来への計画を立てているでしょう。そしてこれは、生きることを前提とする営みです。この世界は生命が支配しているのだということを前提しなければ、そういう営みは無意味なことになってしまう。

しかしながら、この希望はしばしば失望と絶望に終るという現実がありますね。しばしばもうだめだと思ってしまう。その最も単純な帰結は自殺することです。あるいはそこまで行かぬとしても、自暴自棄に陥ることが多い。生命ではなく死が支配しているという思想は、恐ろしい破滅を生み出すのです。これに反して、いや生命が最終的支配者だという思想が、いま激しく戦っています。その戦いの場に、クリスマスという日を置いてごらんなさい。すべてが枯れ果て、死の中に呑みこまれるかに見える、その暗黒の絶頂において、イエス様がお生まれになり、光が輝き出でた。そういう日として、われわれはクリスマスを祝うのです。神はそのひとり子を人間として世におつかわしになったという、世界史上最大の出来事を、この日に祝うのであって、死の支配に対して生命が勝利することを、歴史上の事実として神様は証して下さったのです。

イエス様は十字架につけられて地獄の責苦を負い、そして死なれたということは、みなさん知っているでしょう。そして三日目に復活されたということも、聞いている筈だ。そして復活されたということは、今も生きておられるということです。そして私は、今この場所に、そのイエス様がおられることを信じます。その復活された主のご臨在のもとに、この学園の営みが守られていることを感謝します。私はこの復活信仰を、ずっと以前に与えられたのですが、最近になって、そのリアリティをまた改めて豁然と示されました。

実は東京の私共の集会において、自分たちの間から天に召された方々を記念する礼拝を去る十一月に行なうために、その準備として、亡くなった方々の名簿を整理してみました。そしてテープを通して私共のお話を聞いて下さった方々も入れると、総勢七十三名にものぼることを知って、大変驚きました。しかもその後、記帳から洩れている人のあることに気づいたので、なお補充を必要としているばかりでなく、私との個人的関係にとどまる方々や恩師の名はそこにはないのですから、そのすべてを網羅すると、実に百人を越える方々が、私共の集会を天から見守っていて下さることになります。私は甦えられたイエス様の臨在を信ずると同時に、このような方々が天から見守っていて下さることも信じます。その霊の祈りは、すごい力です。私は今日のお話の冒頭で、私の誕生日を祝って下さった人々の言葉に言及し、高橋の祈りは降り注ぐ雨のように愛真に降り注いでいると書いてくれた生徒の言葉をおとりつぎしましたが、同じく降り注ぐ雨のように、天からの祈りが私共の上に注がれているのです。東京で私たちが感謝の記念礼拝をしたとき、それはただ召された人々の霊を慰めるだけの営みではなくて、上から注がれる祈りに感謝をもって応える、という含みもあったのでした。しかもその後、私をびっくりさせるニュースが届きました。

この講堂には斎藤宗次郎さんの写真が掲げてありますね。この方については、すでに「誰が一番偉いか」と題する講演の中で語ったから、皆さんはよく知っているでしょう。私はこの方が今も天から見守って下さっていることを、固く信じていました。しかもそれが具体的な姿を取って示されたので、びっくりしたのです。つい最近のことでした。身内の方から電話を頂き、斎藤宗次郎さんの遺産が整理された中から、愛真高校にお捧げしたいというお申し出を受けたのです。奨学金として使って頂ければありがたいということなので、喜んでそのご趣旨に従いたい旨をご返事しました。こうして一千万円ものご寄附を、奨学基金として頂くことになりました。驚きましたね。本校の卒業生のため、またここで教鞭を取っておられる先生方のお子さんたちのために、奨学金を支給する準備がこうして整えられたのでした。天からの祈りが、具体的な形を取って届いたのです。ここに私は、一つの徴を見たように思います。かりにこのお金が届かなかったとしても、斎藤宗次郎さんが私共を見守っていて下さるという事実に変りはない。しかしこの秘められた事実が、このたびの出来事を通して、見える形で示されたのでした。この経験を通して、私は豁然と目を開かれた思いがしています。祈りは力だということを改めて知ったのです。

四

先ほどお話した中田正一先生が生まれたのは一九〇六年ですが、この同じ年に生まれた一人の殉教者がいます。ディトリヒ・ボンヘファーという名のドイツ人です。彼は一九四五年に死刑に処せられましたが、戦後のドイツ復興を支えた精神的な柱として、大きな影響を後世に残しました。しかしヒトラー暗殺計画に加わったという理由でナチの政府に捕えられ、二年余の獄中生活を経たのち、敗戦を目前にした一九四五年四月に、三十九歳の若さで世を去りました。それはドイツの全面降伏二ヶ月前のことでした。彼が獄中で書き綴った多くの手紙や随想の中に、一つのすばらしい詩があって、その最後はこういう言葉で結ばれています。

Von guten Mächten wunderbar geborgen,
erwarten wir getrost, was kommen mag.
Gott ist mit uns am Abend und am Morgen
und ganz gewiß an jedem neuen Tag.

「もろもろの善なる霊にすばらしくかくまわれて、
我らはたじろがず待ち受ける、何が来ようとも。
神われらと共にいますが故に、夜にも朝にも、
来る日ごとに、確かに間違いなく」。

これは獄中で歌われた詩です。「何が来ようとも」と彼は言ったのだが、その中には、殺されるということも入っていました。そして事実、彼は処刑されたのでした。私がこの詩を知ったのは最近のことでした。そして去る五月に、私はこの愛真高校に来ましたね。当時私の健康状態はきわめて悪く、岡山から伯備線の電車に乗ったとき、目まいがして身動きもできなくなりました。その車中で私はこの詩を繰りかえし繰りかえし口ずさんでいたのです。「何が来ようとも、たじろがず待ち受ける」。神の護りを信ずる以外に、私の支えとなるものはありませんでした。そして愛真高校では大きな仕事が待っていました。しかし皆さんご承知のとおり、私は一応すべての課題を果たし終えることができました。だけどその晩、私はとうとう血を吐いて倒れました。力の限界に来ていたのでした。しかしそ

れにもかかわらず、私は無事守られて帰宅することができたのでした。

ボンヘファーの詩の中に「もろもろの善なる霊」という言葉がありますが、当初私は、何らかの天使の群れをそこに考えていました。しかし今では、「もろもろの善なる霊にすばらしくかくまわれる」という言葉の中に、百人を越える方々が天から見守っていて下さる、という内容を考えるようになりました。しかもその祈りは私個人に注がれているだけではなく、この学校全体の上にも注がれているのです。

これから皆さんは、どんな戦いの場に出で立つだろうか。そのとき覚えていてほしい。生けるイエス様は、その名を呼べば必ず来て下さる方ですから、「イエス様」とお呼びなさい。そのイエスによって生き、イエスと共に死んだ人々、われわれの諸先輩は綺羅星のごとく天に在って、皆さんの歩みを見守っていて下さる。そういう消息が、キリストの福音の中に織り込まれているのです。その先がけとして、イエスは生まれ、死んで甦えられたのでした。すばらしいじゃないか。夜の星を見るたびに、その彼方にある霊の世界に思いを馳せてほしい。古代人はあの星の群れを神だと思って拝んだけれども、星は神ではない、ただの被造物です。けれどもその背後に霊の世界があって、生きておられる御霊なるイエス、神の御座にいましたもうイエス様が、我々の上に愛のまなざしを注いでおられる。

そのことを信じて進みましょう。

## 五

最後にもう一つ、「先生はなんでそんなに謙虚でいられるのですか」と書いてくれた生徒もいることを、冒頭で語りましたが、この言葉を裏返して言えば、われわれはどうすれば謙虚になることができるか、という問いにもなりますね。結論を端的に言います。どうだろう、皆さんは自分の値打ちで生きようとしてはいないか。これだけの能力が自分にあるとか、これだけの成績を上げた、これだけの学歴を自分は持っているというような、自分の値打ちで生きようとしてはいないか、考えてみて下さい。そうなると、必ず人との競争が始まるでしょう。集団生活をしている身にとって一番つらいのは、人と自分とを比較して、背くらべをすることではないだろうか。そして自分のみじめさに泣いたり、逆におごり高ぶったりする。何がしかの事ができると、それを自分の手柄にしようとする。自分の値打ちで生きようとする限り、人間は本質的に謙虚になることはできないのです。

ではどうすればよいのか。聖書は教えているのです、自分に死ぬことだと。つまりそれは、自分の値打ちによって生きるのではなくて、キリストの栄光のために生きるということです。ある人が私は謙虚だと言ってくれたけれども、本当は少しも謙虚ではないのです。一方では自分の高ぶりを自覚している。だが他方、私にも誇りがあります。この愛真高校は私の誇りです。だがこれは、自慢ではない。これをお造りになったのは神様です。愛真高校をほめる人は、神様をほめたたえて下さい。神の招きに応えて、多くの方々がみな神の栄光のため働いたのです。そういう意味において、これは神様がお建てになった学校です。謙虚とは、卑下することではありません。誇るべきことは、正当に誇ればよいのです。しかしそれは、他に向かって自慢することではなくて、そのすべてを神の栄光に捧げるのです。神の栄光のために生きる。自分の生涯を通して、キリストに抱かれ、担われた者として、そこに神の栄光が顕わされるような生き方を私はしたい。

しかし現実には罪人ですから、たくさんのきたない思いが私の心の中にあります。これが外に露呈して、しばしば人を傷つけ、躓きを与える。だから私は、頭を下げて赦しを乞うほかありません。私は自分の過去を思いめぐらすとき、必ずそこに出てくるのは、取り返しのつかぬ事をした、申しわけない、赦して頂くほかに道がないという思いです。けれどもそれと同時に、それを赦して下さるイエス様が与えられていることを、感謝します。またいろんな人から攻撃を受けることもありますが、その攻撃の矢は私に当るように見えながら、実はすべてイエス様に当っているのです。イエス様は私の罪、私の失敗、私の欠けたところを、みな担って下さる。そういうお方として、イエスという救い主を与えられていることを、私は心から感謝します。自分の手柄、自分の値打ちによって生きるのではないというのは、こういうことです。

いま世界で富み栄えている国はますます富を収奪し、貧しい国はどん底にまで落ちて行き、貧富の差は拡大するばかり、どうにもならぬ破滅への道をまっしぐらに走っていますね。これを阻止すべく、いろんな方策が考案されているけれども、問題の最も深いところにあるのは、人間がみな自分の値打ちで生きようとしているために、結局は取り合いになるということです。その上「貪る」ということまでついているのだから、どんなに持っていても、なお足りないと思う。だから貪りと貪りがぶつかり合う世界に、どのようにして救いが来るのか、人間的に考えると絶望しかないように見える時代です。しかしそれにもかかわらず、われわれは絶望しない。それはイエス様が生きておられることを信ずるからです。そのキリストがふたたびきたりたもう。どういう形においてか分からぬけれども、われわれにできぬ事を必ずなしとげて下さる、その方が歴史の全体に対して責任を負って下さる。皆さん一人一人に対しても責任を負って下さる。そういう方がお生まれになった日として、私共はその誕生日を祝うのです。

私は今日「生と死」という題を掲げましたが、「生命の誕生」と言ってもよいと申しました。いまお話したように、この永遠の生命の誕生をわれわれは祝うのですが、それは二千年前の出来事に終るものではなくて、われわれの心の中に生まれて下さることを待ち望むのです。われわれの心の中にイエス様が生まれて下さらなければ、クリスマスの意味はなくなる。心の中にイエス様が生まれて下さるということは、死を経由しなければ起こらないのです。イエスご自身も、ひとたび死ななければ、霊の生命としてわれわれの魂に入ってくることはできなかった。そしてまた、われわれがイエスをお迎えするとき、自分の古い生命はそこで死ななければならないのです。自分の古い生命の死を経ることなく、イエス様をわが内に迎えることはできません。イエスが宿りたもうとき、古い生命は葬られるのです。だから「生と死」という題をつけました。「生と死」は同時に「生命の誕生」である。「生命の誕生」は「生と死」である。この二つを切り離すことはできないのです。この消息は、今すぐ分からないかも知れぬけれども、分かるまでじっと心の中で温めて、時の熟するのを待って下さい。

これから最後に歌う讃美歌一一二番は、凱旋者なるイエスをお迎えする歌です。ここには悲しんでいる人も、喜んでいる人も、いろいろあるだろうが、死を克服し、われわれの罪を処分し、世界を救って下さる方の到来を待ち望む歌として、讃美歌一一二番をもってこのクリスマス講演を終りといたします。

（一九九一年十二月十九日、キリスト教愛真高校クリスマス講演。
『十字架の言』一九九二年三月号所載）

（『高橋三郎著作集10』教文館、二〇〇〇年所収）

**高橋三郎**（たかはし・さぶろう、一九二〇―二〇一〇）

旧制一高時代、人生の意味について悩み、内村鑑三の弟子、三谷隆正のもとで聖書を学ぶ。戦後、矢内原忠雄の集会に出席し、確たる信仰を得る。マインツ大学に留学し、新約聖書を研究。帰国後、一九六一年より独立伝道者として聖書集会を開き、六五年には月刊誌『十字架の言』を創刊。八八年、島根県江津市に開校したキリスト教愛真高等学校の創立責任者となる。九四年、交通事故で頸髄損傷。体の自由を失い、車椅子での生活となるが、口述筆記による執筆を続け、高橋聖書集会の指導を続けた。

## 高校生たちに一人のキリスト者として《ぶつかる》

無教会の独立伝道者高橋三郎は、長年にわたる聖書集会での指導と旺盛な執筆活動と同時に、次世代の教育に打ち込んだ。彼の提唱のもとでキリスト教愛真高等学校が設立され、第一期生を迎えたのは一九八八年の春。高橋が七十歳に近づいた頃のことである。日本で一番小さな全寮制高校として知られるこの学校は、「人は何のために生きるのか」という問いを掲げる。生徒たちは授業時間だけではなく、農作業と日々の食事作りを経験しながら、生活全体でこの問いに取り組む。今でもかれらの生活には、インターネットも携帯電話も漫画もない。

ここに収録したのは、開校から四年目の「クリスマス講演」における講話である。

厳密な意味での説教ではない。講演は讃美歌の歌詞から始まるが、直接聖書テキストに言及するのは一回だけである。愛真高校では毎日の朝拝と夕会（夕拝）、週に一回の聖書科の授業、そして日曜礼拝が行われていたので、直接聖書を語る必要はなかったのかもしれない。しかしそれでもあえて本書に取り上げたのは、高校生に語りかける高橋の言葉を味わいたかったからである。本書収録の他の説教との違いは、何よりもこの聴き手の違いにある。

特定の人物の名前が出てくる。特に、セクション「二」では中田正一の物語が詳細に語られる。「三」では、斎藤宗次郎。そして「四」にはボンヘファー。これらの人たちはある種の命題を聴き手に理解させるための素材、つまり《例話》として取り上げられているのではない。《信仰の証人》として語られているのだ。

講演中ただ一度、直接聖書の言葉に言及するのは次の部分である。「マタイ福音書の中に、『自分の命を救おうと思う者はそれを失い、私のために自分の命を失う者は、それを見いだすであろう』（十六25）というイエスの言葉がある。そのパラフレーズをこういう形でしておられるのではないか、と私には思われるのです。あのイエス様の生きざまが、彼の中に受肉している様子を知って私は驚きました」（本書199頁）。思想でも観念でもなく、イエス・キリストの言葉を「パラフレーズ」、つまり「受肉」して生きる証人たちを指し示すのだ。そのことによって生徒たちにぶつかっていく。

そして、高橋もまた《信仰の証人》として生徒にぶつかっている。彼は自分の肉体の弱さを隠さない。「その晩、私はとうとう血を吐いて倒れました。力の限界に来ていたのでした」(本書206頁)。自分の深い罪を高校生の前で告白する。「しかし現実には罪人ですから、たくさんのきたない思いが私の心の中にあります。これが外に露呈して、しばしば人を傷つけ、躓きを与える。……私は自分の過去を思いめぐらすとき、必ずそこに出てくるのは、取り返しのつかぬ事をした、申しわけない、赦して頂くほかに道がないという思いです」(本書209頁)。

だからこそ、生身の人間を生かす言葉として、信仰宣言の言葉が生き生きと伝わってくる。「生命ではなく死が支配しているという思想は、恐ろしい破滅を生み出すのです。これに反して、いや生命が最終的支配者だという思想が、いま激しく戦っています。……すべてが枯れ果て、死の中に呑みこまれるかに見える、その暗黒の絶頂において、イエス様がお生まれになり、光が輝き出でた。そういう日として、われわれはクリスマスを祝うのです」(本書202—203頁)。「これから皆さんは、どんな戦いの場に出で立つだろうか。そのとき覚えていてほしい。生けるイエス様は、その名を呼べば必ず来て下さる方ですから、『イエス様』とお呼びなさい」(本書207頁)。「われわれがイエスをお迎えするとき、自分の古い生命はそこで死ななければならないのです。自分の古い生命の死を経ることなく、イエス様をわが内に迎えることはできません」(本書210—211頁)。

この時、高校生たちは主イエスの出来事を《聴く》だけではない。《見る》のである。

# 救い主の誕生

山﨑祐博

ルカによる福音書　第二章一―二〇節

今日はクリスマス礼拝、この教会としては、非常に新鮮な思いでこの礼拝を守っております。しかし、私個人としては、もうクリスマスを五〇回以上続けてまいりました。それで自分のクリスマスの守り方に、なんとなしにうしろめたい思いがいたします。本当にクリスマスを守っているかどうかということであります。この間考えておりまして、ふと、アンデルセンのマッチ売りの少女という童話を思い出しました。これは皆さんよくご存じと思いますが、クリスマスの晩に、一人の貧しいマッチ売りの少女が、町でマッチを売っておりますうちに、とうとう凍えて死んでしまうという話でありま す。家の中では楽しいクリスマスのパーティーが行われている。私はそのことを思い出しまして、自分たちがこうして今、幸せにクリスマスを守っている時に、窓の外には、凍え死にかかっている人たちが居るということを、忘れて居るのではないかなあ、そんなことを思わされるのです。今、世界には、本当に大きな悩みがあちこちにあります。この間、ソマリヤの人たちのことがテレビに出ておりましたが、もう骨と皮になってやっと生きておる子供たちの姿を見て、非常に心を打たれました。またその村では、日に何百人という人が餓死しておる。そういう世界の中で自分たちが守っているクリスマスは、本当のクリスマスだろうかということを、あらためて思わされたわけであります。

また、もう一つの事は、このクリスマスを守るに当たって、本当に自分が感動しているだろうかということを思わされました。年中行事になっておる、慣れっこになっておる、そういう自分を思わされたのです。あのベルリンの壁が破れた時に、もう人々が熱狂しておる姿をテレビで見たのですが、私たちのために救い主がお生まれになったということは、ベルリンの壁が破れたよりも、もっと大きな重い出来事であります。しかし、あの人たちのような感動、感激が私たちの中にあるだろうか。そんなことを思わされますと、どうもクリスマスにうしろめたいものを感じます。しかし、そういうことをいろいろ考えておりました時に、あらためて、もう一つの事を思わされました。

それはこのルカによる福音書の、二章の一節から七節のところに書いてあることであります。クリスマスの礼拝の時に、このルカによる福音書二章のところを読まれますけれども、たいてい八節からあとに中心を置いて、考えられることが多いと思います。私も余りこの二章の初めの方を説教したことはなかったのですが、しかし、今そのような問題を持って、ここを読んでおりました時に、あらためてこの二章の一節から七節のことを考えさせられたのです。

それは何かというと、イエス・キリストの誕生が、歴史的な事実であるということであります。ここに二人の名前が出てきます。一人は、ローマの最初の皇帝でありますアウグスト。それからその次に、シリヤの総督であったクレニオ。こういう人たちのことは、キリスト教以外の世界の歴史の中で、ちゃんと記録が残っておりますね。ルカは、そのイエスさまの誕生を記すに当たって、わざわざこういう人たちの名前をここへ出しています。私も前はあまりそんなことを気にしなかったのですけれども、あらためて考えさせられました。イエスさまの誕生というのは、私たちが中学生の時に西洋史を習い、ローマの最初の皇帝はアウグストということはよく知らされたわけですけれども、そのアウグストの時に、イエスさまがお生まれになられたのです。

よくいろんな話の時に私たちは、昔々ある所に、というような話を聞くわけですけれども、しかしイエスさまは、昔々ある所に、ではなくて、ちゃんとアウグストの時代だぞと、そしてそれはユダヤのベツレヘムで起こったことだ、こういうふうに時と所がここに言われておるということは、イエスさまの誕生という事が、何かこう宗教的な真理を伝えるための、寓話や例え話でなくて、まさに一つの歴史的な出来事であったということを、これは示しているのです。

それがどういう意味があるかと言いますと、このイエスさまは、私たちの救い主として生まれたわけですが「救い主の誕生」ということは、歴史の中に出来事として起こったことである。私たちが、それを感激をもって受け取るということは、大変幸いなことであります。しかし、たとえ私たちが年中行事みたいな甘さから、今年も来たかというような、そういう、まことに申しわけないような守り方をしておっても、しかし、イエス・キリストが私たちの救い主として、この歴史の中に来て下さったという事実は、動かない。これはまことに重いことであります。

今のように世界が暗い問題を抱えている。世界の動き、行く先を考えて見ますと、本当に暗い思いがします。どうなるだろうか、胸が痛む。そういう時に、神様がこの世界の救いのために救い主を送って下さったということが、事実、歴史的な出来事なのだ。そういうことを思い返すことは、私たちに取って、まことに大きな慰めであります。私たちがそれに十分応えることが出来ないとしても、神様はちゃんと救いのために手を打って下さったのです。私たちの住んでいる世界が暗ければ暗いほど、この事実の重さというものを、あらためて思わされます。

もう一つのことは、この八節から以下に書かれていることでありますが「さて、この地方で羊飼たちが夜、野宿しながら羊の群れの番をしていた」こういう言葉で始まる記事であります。羊飼いと言いますと、私たちは大変牧歌的な、のどかなものを感じます。しかし、羊飼いというのは、決してそんなのどかなものではなくて、まことに厳しい生活であります。ここに書かれておりますように「夜、野宿しながら羊の群れの番をしていた」とあります。ほかの人たちがみんな家の中で安らかに眠っている時に、彼らは羊の番をするために、野原で野宿をしている。こうして一晩中、羊の番をしていなければならない。みんなが寝るわけにはいきませんね。みんなが順番で不寝番に立つ。不寝番というのは私もやったことがあるのですけれども、大変つらいですね。みんなが寝ている時に起きて、なんか起きたら大変だというので、緊張していなければならないのですから。しかし、私たちの場合は、たまにそういうことがあったのですけれども、羊飼いは毎晩毎晩、一生、そういう生活をして行く。家の中で安らかに眠ることはないという生活、それは大変厳しい生活であります。

そして収入は、まことに乏しい。最下層の生活。そして野宿していますから着物も汚れるし、からだもあまり風呂に入らないという状態ですね。そんなに苦労して、しかも報酬も少ない。しかし、世間からは尊敬されているのなら、それはまあいいですけれども、そうではない。ご承知の通りユダヤでは、きよめの規定というのは、大変重大でありまして、イエスさまの弟子が、きよめの儀式に、手を洗わないで食事をしたというので、厳しく咎められたということが書かれています。これが当時の世間の常識であります。

そういう身をきよめなければならない、そうでなければ神の民ではないという、そういう常識が一般で認められておりました時に、土の上にそのまま寝て、汚れ腐っておる。そういう羊飼いというのは、アムハーレツと呼ばれております。土の人、という意味ですが、いうなれば、泥まみれの人間、というような感じですね。アムハーレツ、これは神の国が来ても、とても入る資格はない。そういう、みんなから軽んじられる存在でありました。そういう人のことが、ここに出てくるのですね。彼ら自身も、神の国が来ているのに、神の国へ入れないではないか、自分たちはもうだめではないか、そういう思いが心の中にあったのではないかと思います。ところが、ここに主の使いが現れるのです。

「すると主の御使いが現れ、主の栄光が彼らをめぐり照らしたので、彼らは非常に恐れた。御使いは言った『恐れるな、見よ、すべての民に与えられる大きな喜びを、あなたがたに伝える。きょうダビデの町に、あなたがたのために救い主がお生まれになった。この方こそ主なるキリストである。あなたがたは幼な子が布にくるまって飼葉おけの中に寝かしてあるのを見るであろう。それが、あなたがたに与えられるしるしである』」天の使いがこういうふうに言いました。

みなさん、ここでもう一度考えて見て下さい。

このクリスマスの晩に、救い主の誕生を告げられた者は、この羊飼いだけなのです。先程申しましたように、私たちがどうあろうと、神様が私たちの救いのために、救い主を送って下さったという、この事実こそ重いと申し上げました。そして福音書でもマルコによる福音書は、全く誕生のことなど書かないのです。イエス・キリストが活動を始められるその直前、バプテスマのヨハネの起源から書き起こしている。しかし、ルカはここに、羊飼いに天の使いがイエスの誕生を告げたということを、実に丁寧に書いている。このことは、何を言おうとしているのでしょうか。

たくさんの人が、救い主の誕生を待っていました。しかし、誰もそのことを知らない。ただ、この人々から軽んぜられ、自分たちでも、余り望みのない羊飼いに、わざわざ神様は、このキリスト誕生の知らせを持ってきて下さったのです。この今の天の使いの言葉の中に、こうあります。

「きょうダビデの町に、あなたがたのために救い主がお生まれになった」あなたがたのためにと、天の使いは言いました。あなたがたとは、まさにこの羊飼いたちのことであります。あなたがたのために、救い主がお生まれになられたのですよと、天の使いは語ったのです。

この頃は知りませんけれども、前に前の浜へ出ますと、どこかこの辺りからサーチライトがパアーと空へ向かって照らしていました。何をしているのかなあと思ったことがあります。ぼんやりと、光の筋がこうあるのですね。しかし、あのサーチライトが、もし自分の方へ向けられたらどうでしょうか。それはぼんやりした光りでなくて、ものすごいまぶしい光りだろうと思うのですね。私たちは聖書を読む時に、ああ羊飼いはこうだったか、この人はこう、或はザアカイはこうかと言うふうにして、いわば横から話を見ているわけです。しかし、天の使いは「あなたがたのために救い主が生まれた」と言われる。光りはまっすぐに自分の方を向いているのです。人の話ではなくて、この私が、もしそこで私たちが本当に行き詰まってもうだめだと思っているならば、その私たちに向かって神様は、あなたたちのために救い主が生まれた。そう言われる。

何かこう、私たちは何気なく読んでおりますけれども、この「あなたたちのために」わたしのために救い主が生まれたのだという、このメッセージを受け取るということは、人間に取っては、まことにむずかしいことであります。しかし神様は、行き詰まって望みを失っておるその人のために、わざわざこのメッセージを伝えに来られました。

私たちがどういう気持ちであろうと、神様の救いのみわざは動かないと申しましたが、しかし、神様は静まって祈っておるその人に、今ここで、この事実を知らせようとしておられる。そして、すべての人が終わりの時に救われるのですけれども、今ここで苦しんでおるその悩みの中で、すでに救いの恵みを経験させようとして、神様はわざわざこういうメッセージを伝えて下さったのです。これは、ただ理屈ではなくて、実際にこの「あなたのために救い主が生まれた」ということを聞いた人は、今まで思いもかけなかった新しい世界を、自分のために受け取ることができます。私たちは、そういう人たちを何人も知っているわけです。

ご存知と思いますけれども、水野源三という方があります。小学生の時に、赤痢をやりました。その後遺症のためにもう身体のどこも動かなくなった。ものも言うことができない。寝たきりの人です。この人が幸せな人生を送り、自分の人生が幸せだと思えるということは、私たちには考えにくいことです。しかし、彼は、私のために救い主がお生まれになったという、この神様の驚くべき知らせを、自分のこととして受け取った。そしてそういう生活の中にありながら、生活というか、生きているだけという中にありながら、感謝と喜びを何とかして現そうとして、そして詩を作った。勿論自分でいうこともできなければ、書くこともできません。お母さんが、あいうえおの五〇音を書きまして、そして突いていく、これですか、これですか、と突いて行って、そして言葉に行き当たると目をぱちぱちする。そうやって文章を作って行くというのは、どんなに大変なことだろうと思うのですけれど、そして彼の神をほめたたえ、自分の人生を喜ぶ詩が生まれ、それが書物になっている。私たちはそういう人を何人か、私たちの教会の中に持っているのです。

「あなたがたのために救い主がお生まれになった」これは本当に私たちにとって大きな喜びの知らせであります。この知らせを、神様は恵まれた人にではなくて、だめだと思ってる人のために、わざわざ語って下さったということは、何よりの恵みです。教会へ来ておられる方々は、恵まれた方もあるし、苦しい思いをしている方もあるでしょう。体に障害を持っておられる方もある。いろいろな重荷を負うた方もあります。そして何となくほかの人は幸せでも、自分の人生はだめではないかなあ、幸せにはなれないのではないかなあというふうに、どこか心の隅で思っておられるのではないかと思います。しかし、神様はその方のことを目に留めて、そうではない「あなたのために救い主がお生まれになった」そう告げて下さるのです。そしてその知らせを受け取った時に、今日私たちは、そのしるしを見ることができます。

「あなたがたは幼な子が布にくるまって飼葉おけの中に寝かしてあるのを見るであろう。それが、あなたがたに与えられるしるしである」与えられているしるしは、ある意味ではまことにみすぼらしい、決して誰もがあっと驚くような、なるほど神様の救いが現れたなあと思うような、そんなものではないのです。しかし、この馬小屋の中でまぶねに寝かしてある、この一人のみどり子が、神の救いのしるしであるということを見ることを、神様は私たちに教えて下さいました。

このお告げを聞いた羊飼いたちは、何と言ったかと言いますと「さあ、ベツレヘムへ行って、主がお知らせ下さったその出来事を見てこようではないか」そしてこれは、何丁目何番地と分っているわけではないのですから、これを見つけるのは大変だったと思いますが「そして急いで行って、マリヤとヨセフ、また飼葉おけに寝かしてある幼な子を捜しあてた」と書いてあります。捜しあてたというのは、一生懸命捜したのですね。捜して行って、そこで何を見つけたかというと、一人の幼子が布にくるまって寝ている。何の変哲もないものを見たわけです。赤ちゃんが生まれて寝ているというのは、何も珍しいことではない。けれども、このありふれた出来事の中に、神様の救いの約束が成就しているということを、見ることができた。それが羊飼いの大きな喜びであります。「羊飼いたちは、見聞きしたことが何もかも自分たちに語られたとおりであったので、神をあがめ、またさんびしながら帰って行った」赤ちゃんが寝ておった。神様の言われたとおりであったと言って、帰って行ったのですね。

どうしてこの赤ちゃんの寝ているのを見て、そんなに喜んだか。それは神様の約束があって、それで聞いたとおりのことがそこにあったというので喜んだのですね。私たちは教会へ来たからと言って、何もめずらしいものを見つけるということではないかも知れません。けれども、その一つ一つのことが、神様の約束とのつながりの中で見直された時に、ああ、何もかも神様のおっしゃったとおりだったなあと、あらためて思わされ、感謝し、み名をあがめて帰って行くことができるのではないかと思います。平凡な教会生活というものが、あらためて本当に光り輝く神の恵の証になる、そういう教会生活を送っていきたいと思います。

（一九九二年一二月二〇日）

（『山﨑祐博牧師説教集　第二集』日本基督教団香美教会、一九九七年所収）

**山﨑祐博**（やまさき・すけひろ、一九一六―二〇一七）

高知県夜須町にて生まれる。母に導かれて香美教会に通い始め、三三年に受洗。三四年、日本神学校（東京神学大学の前身）に入学し、四〇年、鳥取教会に赴任するが、まもなく召集される。四五年三月、健康を害して台湾より復員。自宅で療養中、香美教会からの依頼で主日の説教を始める。四七年、香美教会の牧師に就任。以後、八五年に隠退するまで同教会の牧師を務め、隠退後も名誉牧師として教会を支えた。

## 《信仰のリアリティ》、そして《聴き手とのクラッチ》

山﨑祐博の名前を知る人は多くはないだろう。著書は残さなかった。この説教も、ワープロで打たれ、教会で印刷され、手作業でホチキスどめした説教集に収録されたものである。香美《かみ》教会が建つ香我美町（高知県）の人口は六千人内外。礼拝出席者も少ない。しかし、神は宝を畑に隠される。

山﨑が自分の歩みを振り返った講演「四国のある田舎伝道」の要約が、『東京神学大学学報』に掲載されている（一四八号、一九八八年二月二五日）。そこで彼は言う。自分は牧師としてどうしても解決できない問題を抱えつつ長年牧会していた。自分の信仰には力がない、命がない。つまり《信仰のリアリティ》の欠如だった。教会員に「このままでは香美教会は消えますね」と言われても「そうかもしれんね」としか答えられなかった。ところが、その山﨑に回心が起こる。それは、「私が信じていてもいなくても、それでもなお、主は生きておられる」という事実に目が開かれる出来事であった。そして山﨑は言う。「この新しい視点は、私の説教にも変化をもたらすものであった。それまでは、人々を感動させようと色々と工夫してきたのであるが、『主が働き給う』という事に基本を置いて考えなければならないという点に立ち返ったのである。……〔そのとき〕はじめて私の説教が、会衆の心に届くものとなった」。説教者として歩みはじめて二〇年経ったときのことである。

さらに、もうひとつのことを記している。教会員にかなり高齢になるまで読み書きができなかったおばあさんがいた。この人の存在が、「私の説教、聖書講解の言葉が上っすべりすることをゆるさなかった」。そして、語る。「牧師のエンジン＝聖書の釈義とか、神学が、いかにフル回転しても、信徒との関係、かかわりというクラッチが正常に作動していなければ、説教、牧会、教会という車は動かないという事を身をもって教えてくれた」。

主は生きておられるという《信仰のリアリティ》、そして、《聴き手とのクラッチ》。それが山﨑の自然体の説教の魅力を形づくっている。

説教の冒頭から《わたし》の心境を語る。それは、「私個人……のクリスマスの守り方」について「なんとなしにうしろめたい思い」がすること、また、「年中行事になっておる、慣れっこになっておる」という告白である。以後、「私」という主語が幾度も出てくる。また、「みなさん、ここでもう一度考えて見て下さい」(本書220頁)と、会衆に直接呼びかける。説教とは、「私」から「皆さん」への語りかけであるという輪郭がはっきりしているのだ。そこから「私」と「皆さん」、そして「私たち」のこととして、降誕の出来事がリアリティをもって語られる。

「この頃は知りませんけれども、前に前の浜へ出ますと、どこかこの辺りからサーチライトがパアーと空へ向かって照らしていました。……あのサーチライトが、もし自分の方へ向けられたらどうでしょうか。それは……ものすごいまぶしい光りだろうと思うのですね」(本書221頁)。「天の使いは『あなたがたのために救い主が生まれた』と言われる。光りはまっすぐに自分の方を向いているのです」(同)。「このお告げを聞いた羊飼いたちは、……何を見つけたかというと、一人の幼子が布にくるまって寝ている。何の変哲もないものを見たわけです。……このありふれた出来事の中に、神様の救いの約束が成就しているということを、見ることができた。……私たちは教会へ来たからと言って、何もめずらしいものを見つけるということではないかも知れません。けれども、その一つ一つのことが、神様の約束とのつながりの中で見直された時に、ああ、何もかも神様のおっしゃったとおりだったなあと、あらためて思わされ、感謝し、み名をあがめて帰って行くことができるのではないかと思います」(本書224―225頁)。

ここにも私たちが目指すべき説教の姿がある。

# 降誕後説教

# キリストを縮小するなかれ

植村正久

反て己を虚《むなし》うして僕の貌《かたち》をとりて人の如くなれり。（ピリピ書二の七）

この一節はよほど難しい文である。「己を虚《むなし》うする」という語から、キリストの人格について、神学上種々の議論が起ってきた。しかし今朝はこれらのことには関係せずにおもに「僕《しもべ》の貌《かたち》をとりて」という一言について説こうと思うのであります。

キリストは僕のような有様で世に生れて来られた。かつてその弟子に言われたに「吾は人を役《つか》はんために来りしにあらず、役はれんために来りしなり」と。キリストは如何なる生活をなされたか。誠に謙遜《へりくだ》った、また絶えず人の利益を図り、人なら助けらるる、仕えらるる、慰めらるるというよりは、自らを犠牲としてかえって人に仕えられたことは、我々がつくづく知っている通りである。世に在《いま》せし時の有様は決して立派な見えでなかった。外観上甚だみすぼらしい有様であった。王者の如くではなく、賤《いや》しむべき僕のようなふうであった。その降生の時も馬槽《うまぶね》のうちに初声《うぶごえ》を挙げたのである。如何にも神の子、万民の王というには不適当であるかの如くに考えられた。我々は当時のユダヤ人よりも幾分か精神的になっている。これも信仰の賜《たまもの》であろう。故にイエスが世の人情から見ると如何に賤しい有様であっても、それがために信じないとか、その神たることを認めないとかいうことはなさそうに考えられる。他に大変な理由《わけ》でもあるらしく見える。さりながらまたよく考えてみるとキリストを神としない、神は信ずるけれどもイエスを信じないというような人はどの点で躓《つまず》くのかというと、如何にもキリストが人らしくて、これが神であるとは疑わしいと思うからであろう。あまりキリストの外観が神たるには似つかわしからぬ有様であるのに不審を懐く。詮ずるところその僕たる所に躓くのである。この点昔も今も同じことだ。

　ヨハネが牢屋から使いをイエスに送って「どうも私はあなたをメシヤと認めることを望むけれども、今のような御有様では、今のなされ方では如何にも疑わしい。メシヤはもっと盛んに、もっと立派にやられそうに思っているが、どうもあなたの御有様が、メシヤらしくない。かつてメシヤなりと見上げたは空想であったか。他日外《ほか》に真のメシヤが出られるのであろうか」と詰《なじ》った。それと同じことで、今日ある人々がイエスについて疑うのも帰する所はここだ。自分の想像に画かれたイエスは、これを神とし、活《い》ける救い主として崇めるには、何だか足りないように感ずる。これがために疑い悶えて、ヨハネの如く丁寧に尋ねる人もある。かくの如く真面目に尋ねる人は道を去ること遠からず、実に感心である。キリストはこれに答えて「聾者は聴き、跛者は歩み、貧しき者は福音を聞かせらる」と、あまり人目には立たぬようであるけれども、イエスは非常に大いなる神の力をもって人の魂を救われている。我々これには驚かねばならぬ。イエスは人の魂をどういうふうに救われるか。どういうふうに人を支配せられるか。感化せられるか。キリストが人の魂を照らし、慰め強められ、その難儀を救われるを見、その恵み深い力ある仕事が、人間の魂の上に行われている様子を考えるならば、自然その神より遣わされた主であると言うに満足が出来る。ヨハネはこの返答を与えられてどう考えたか書いてはないが、大いにわかったろうと思われる。真にイエスを知り、彼が神であるを認めて、これを拝み、これに祈りをするようになるには、主が世人の心の中に働いてこれを救われる神妙不可思議の大能力を親しく実験しなければならぬ。イエスの力を実験し、イエスの手が我々の魂を引き上げる力を実験だにすれば、あらゆる議論はじきやんでしまう。そうするとその前に平伏して、我を救い給えと言うに至る。これを拝み、またこれに祈禱せねばならぬようになる。

実にイエスは僕のような貌《かたち》をもっておられる。少年のヨハネが牢屋で、自分の境遇からやむを得ぬ事情もあるけれども万事を訝《いぶか》しく考え、少しひねくれた思想を出して、これは意外だ、あまり弱々しい、あまり盛んでないと疑い、イエスのこと自分の想像と違っている所からこれを怪しんだ如く、今日もキリストの事について、その僕らしい有様に躓いてこれを疑う人もある。しかりながらヨハネが疑っている最中、イエスは既に神から遣わされた救い主として、神妙なる働きを納められていた如く今日もその通りである。キリストは慈悲をもって吾々の中に立ってござる。我々の祈る時、罪に悩む時、あるいは義《ただ》しき事を致そうと思って自ら力無きを感ずる時、あるいは唯一人で同情のないのに弱っている時、すべてかかる場合においてキリストが、どれほどの力、どれほどの慰め、どれほどの恩寵《めぐみ》をもって、数々の魂に力を付け、これを救うて前と全然違った考えを与えられるか。これは今日我々が経験している所である。キリストは慈悲に富んでおられる、力に満ちておられる。真に霊魂の王である。我々が魂の拝むべき、仕うべき何もかも差し上げねばならぬ君である。しかし僕らしい貌をとっておられる故誤解される。そしていろいろと我々は考える、どうか我々はイエスの僕らしい貌に迷わないで、その活力ある慈悲深い所の権威を認めてその前に強情我慢の心を挫《くじ》き、真実降服してこれに仕えたいものである。

帝王と言えば誰もその前に頭を上げる者はない。帝王に弁護は不必要である。しかし今日キリストは弁護を要する。現にこの席上でもキリストを疑う人が有る。イエスは誰であるという議論は依然として喧《やかま》しい。日本に生れて天子は誰であると言う人はあるまい。一人もない。どこへ行かれても天子は天子である。けれども今日集まられたわずかな人数の中にも、イエスは誰であるということが問題にされている。イエスに従うべきか従うべからざるかが問題である。あるいはイエスの名において伝道をすると言ってもなかなか骨が折れる。今日一つの不思議は、あるいは外国伝道、あるいは内国伝道とか、伝道についても始終言い訳をして、なるべく人の満足するように説かなければ、勧めなければ、弁護しなければ同意してくれない。イエスの事業についてはよほど弁護を要する。人の魂を救うところの伝道についても大変に弁護を要する。ここは、主イエスを拝む所の会堂である。その福音を宣伝する所の会堂である。その会堂を造るにも、あるいは岡山孤児院濃飛育児院みたようなことをまでやるに至るというは何たることであるか。これが主イエスの王であるという証拠であるか。このことを考えると実にキリストは今日我々の中において僕のような貌《かたち》であると言わねばならぬ。誠に残念な話である。決してキリストに対して王者を扱うような風は今日ない。その実キリストが人間の歴史、世界の文明の上に及ぼしている所の勢力は堂々として王者である、我々の魂の上においては確かに王者として君臨しておられる。けれども今日キリストは問題にされている。弁護なされている。そしてその経営された事業は言い訳たらだらやっと維持されている。気の毒そうに拡張されている。これキリストを愛する者、信ずる者としては残念で堪らないことでないか。これがために、慨然として起《た》つという志の薄いのは悲しむべく恥ずべきことである。我々は大いに奮発せねばならぬ。キリストはただ昔馬槽《うまぶね》に降生されたばかりでない。現にやはり馬槽に臥して御座る。我々はキリストをもっと善い処へ御迎え申さないで、かえってこれを見るもいぶせき所へ迎える。これにつけても人類が如何に卑劣であるか、人情如何に軽薄であるか、如何に不信仰であるか、如何に世の中は腐敗しているか、大いに考えなければならぬことである。

我々は一体如何なることを希望しているか。イエスに対してどれほどの注文をしているか。パウロの手紙を見るに、彼はイエスを信仰して非常に大きな希望を持っておった。その抱負は非常に高い。この世界について、人間社会の前途について、自分一身について、彼は非常に大きい希望を持っておった。ただ空想を抱いて大言壮語したのではない。実地彼はやった。身命を抛《なげう》ってやった。邁往《まいおう》直前少しも疑わなかった。疑うくらいでどうして身命が抛てるものか。彼はローマにも伝道しなければならぬと宣言し、イスパニアの方へまで行った。実に大きい考えである。しかし今日我々がイエスに向って望むこと、イエスからもらいたいと思うこと、イエスのために計画すること、尽力することは甚だ規模が小さい。あまりけちである。祈禱をしたり、賛美したりする所を聞けば、キリストの手から受けんと欲するところ、その名において遂げようと思っていることは実に大きいが、真に確信をもって動くのでない。希望をもってやっている所は幾許《いくばく》もあるまい。これ大いに考えなければならぬ。イエスにこれほどの重荷を負わせ申しては如何であろうか。イエス・キリスト果してこれを負い得るや。これだけの希望をかけてもイエス果してこれを負担し得るや。後に落胆するというような気遣いはなかろうかと心配してはおらぬか。その通りには言わないでも、そう明らかに思わないでも実際は然りと言わねばならぬ。この微温的信仰は御同様実に恥かしい、誠に乞食《こじき》臭い、見すぼらしい、小さな、けちな注文ばかり始終イエスの前へ持って行って満足している。我々は心が小さい。これしきの信仰でパウロのようになれるものでない。自分の家族を救うとか、東京市中に福音を宣伝するとか、種々の腐敗と戦うとか、それらについてはただ行き掛かりで、他人がするから自分もやるという雷同主義で、心ならずもフラフラ進んで行くというくらいである。真に思い切って確信をもってやるということは甚だ乏しい。我々の足許《あしもと》は極めて弱い。腰が弱い。十分に乗り切ってやるという元気が乏しい。キリストを危ぶんでいる。キリストの力を気遣っている。ある会社に自分の財産を打ち込むことが出来ぬならば、それは会社を疑っているのである。我々イエス・キリストの神の国という合資会社に生命を投資することを渋っている。常に破産を気遣っておりはしないか。今や日本の伝道あまり面白くない、目覚しくいかない。この伝道の不景気に気が後れて始終手をひかえる。うんと資力を投ずることが出来ぬ。かくて我々は非常にキリストを見くびっている。イエスの事業を疑っている。神の国の前途を疑っている。これ実にイエス・キリストを王者の如く扱わぬのである。これを僕同様に扱っているのである。これは大いに考えなければならぬ所と思われる。

何故我々に喜びが乏しいのであるか、ここに立って語る私自らも恥じている。決して自らは得たりとしてこれを言うのでないが、我々説く者も聴く者も、魂の喜び、安心、平和などについては甚だ見すぼらしい有様ではないか。「すべて労《つか》れたる者重きを負ふ者我に来れ我爾曹《なんじら》に安きを与へん」とはイエスの言葉である。けれども我々自分の負担、重荷、労《つか》れなどを真にイエスに托しているか。あるいは自分の罪悪、自分の癖などは如何である。確かに我々の中には多くの労れた人がある。人も労れた、我も労れている。確かに多くの人の心には重荷がかかっているに違いない。イエスはこれを招いて「我爾曹に安きを与へん」と言われた。しかしながら我々は自分でこれを背負い込んでイエスに委せ切らぬ。イエスに訴えることをしない。かえってこそこそと自分で工夫をしている。自分で弥縫《びほう》する。罪、咎、癖があっても自分で遣り繰り算段ばかり試みる。年中貧乏暇なしで心は実に火の車である。どうであるか。キリストを信ずると言っているところの我々がしばしばこういうふうであるということは、御同様自白せねばならぬことである。キリストは我々に平和を与え給う。キリストが即ち我々の主君であると言いながら、何しに不自由をするのであるか。何を考えている。何を遣り繰り算段している。実に馬鹿馬鹿しいということは実は罪である。なぜなればイエスを信じないからである。あなたは当てにならぬ、とてもあなたには救えまいと見くびるは大不敬でないか。信仰せぬとは罪であるということを考えなければならぬ。人から信ぜられぬ時にはそれを快く感じない。これはしたり、実に憤慨に堪えぬと思う。我々果してキリストを信ずるか。キリストの力を危ぶんでおらぬか。これは愚かばかりでない、実に罪である。よし我々に他の罪がなくとも皆御同様、この罪はある。この浅ましい罪がある。二千年の昔同様、やはり信じない霊魂をもって我々はイエスを迎えている。熱心なる信仰に奥深くイエスを迎え奉って、これに仕えることをせず、やはり冷やかなるむさくるしい馬小屋の隅にイエスを迎えている。

　言い方が柔かでないから、こういう時に人ばかりを責めるように感ぜられるのは、実に残念である。決して責めるのではない。御同様共にへりくだらなければならぬことと思うのである。如何に愚かな心、冷やかな心、軽薄な心であるか。我々はイエスに対して軽薄者である。甚だよろしくない態度をとっている。昔ユダヤの国にイエスが馬槽に生れ、甚だ賤しい有様で世を過されたを不思議に思うが、これは浅はかな考えであって、実はもっと恐しい不思議が眼の前にある。キリストの力が三年間ユダヤの国に現われたくらいでない、今は二千年間現われている。我々が信仰してからでもあるいは十年あるいは五年の久しき、イエスに教え導かれている。それで我々はイエスをやはり僕の如く扱っている。甚だ恐しいことである。我々この歳末においてイエスが真の王である、我が主、我が神であるということを認めて、イエスに仕えることも、身を献げることも、イエスによりて希望することも、自分の抱負をも、実に王者の眷顧《けんこ》を蒙っているものにふさわしい有様であるようにしたい。どうぞもっとイエスに委せるようにしたい。我々の現状は、決して正しくない。何故我々は魂の上において、今日かくの如くむさくるしいものであるか、何故もそっと振わないか。何故えらくならないか。あまりイエスを見くびるからである。もし我々が真にイエスを見上げこれを信じて、身も魂も献げて、主の事業に真に乗り掛かるならば、イエスの事業に何もかも入れ込むならば、その時こそ真に富むのである。力付くのである。今日とは違った喜ばしい光り輝く所の心になれるのである。吾々はイエスを見くびるから姑息である。イエスを僕にするから我々はやはり悪魔の圧制を受けているのである。どうしても心の底からイエスの前に降参して、惜し気なく自分の身命を供え物にしなければ我々は富むことが出来ぬ。幾ら遣り繰り算段をしても、ちょうど泥深い所へ落ち入った時にもがくとますます深く入り込んでしまう如く、ますます苦しいばかりである。イエスの如き主を奉じ、これに身を托して、意気常に揚がらず喪家《そうか》の狗《いぬ》然たるは理においてあるまじきことと言わねばならぬ。イエスは大いなる富と力と自由とを持ち、手を拡げて待っておられる。ここを善く合点するが新年を迎うるに一番善い準備である。

（歳晩説教、一九〇四年二月）

（『日本の説教2　植村正久』日本キリスト教団出版局、二〇〇三年所収）

**植村正久**（うえむら・まさひさ、一八五八―一九二五）
江戸芝露月町の旗本の家に生まれる。明治維新に際し家族で横浜に移住。英語を学ぶために宣教師バラの私塾に学ぶが、その感化によってキリスト教に触れ、一八七三年に受洗。入信とともに伝道者となる決意を固め、ブラウン塾、東京一致神学校に学ぶ。八〇年に按手を受け、下谷一致（現・豊島岡）教会を経て、八七年、番町一致（現・富士見町）教会の牧師に就任。以後、生涯にわたり同教会の牧師を務めた。また神学教育と伝道者育成に力を尽くし、文筆による発言も積極的に行った。自由主義神学の影響に抗して福音主義神学の信仰を貫き、海老名弾正とのあいだでキリスト論をめぐる論争を繰り広げた。関東大震災後の教会、神学校の復興に奔走するなか、六十七歳を目前に急逝。

## 《王者キリスト》の降誕を語る

私が特に愛する説教である。いったい幾度この説教を読み返し、信仰の居住まいを正され、新しく勇気を与えられてきたことだろう。

「キリストを縮小するなかれ」という説教題だけでも記憶に値する。わたしたちはキリストをいかに小さくしてしまうことか。特に待降と降誕の期節はそうだ。世界の王、宇宙の王である主イエスを「冷やかなるむさくるしい馬小屋の隅に……迎え」（本書238頁）る。しかし、植村正久が語るとおり、そのまま放っておくのだ。「キリストはただ昔馬槽《うまぶね》に降生されたばかりでない。現にやはり馬槽に臥して御座る」（本書235頁）。その証拠に、「休ませてあげよう」とのキリストの招きを暗記するほどに知っていても、「我々は自分でこれを背負い込んでイエスに委せ切らぬ。イエスに訴えることをしない。かえってこそこそと自分で工夫をしている。自分で弥縫《びほう》する。罪、咎、癖があっても自分で遣り繰り算段ばかり試みる。年中貧乏暇なしで心は実に火の車である」（本書238頁）。それは、キリストが「王者」であることを忘れているからだ。だから、この説教を読むたび、次の約束の言葉が新鮮に響く。「もし我々が真にイエスを見上げこれを信じて、身も魂も献げて、主の事業に真に乗り掛かるならば、イエスの事業に何もかも入れ込むならば、その時こそ真に富むのである。力付くのである。今日とは違った喜ばしい光り輝く所の心になれるのである」（本書239頁）。

二千年以上前に記された世界の初代の伝道者パウロの手紙が今もわたしを生かすように、百年以上前、日本の初代の伝道者植村正久の説教が、不信仰に陥るわたしを幾度も叱咤し、今も生きておられる王者イエス・キリストを新しく仰がせてくれる。

説教テキストはフィリピの信徒への手紙第二章七節。「キリスト賛歌」と呼ばれる文章に含まれる一部である。植村はそこからわずか一節、「かえって自分を無にして、僕の身分になり」という言葉だけを取り出す。しかし、驚くべき角度から説教は行われている。というのは、このテキストは、神の子が人間として受肉されたという《神の恵み》に焦点を当てて語ることが多いからだ。けれどもこの説教はそうではない。神の恵みを受け止める《わたしたちの信仰》を徹底的に問い、わたしたちの《罪の告発》をし続ける。ふつう、このような説教は《神の恵み》を伝えることに失敗する。しかしこの説教が大きな希望に満ちているのは、植村が常に神の子イエスの《大きさ》を語り続けているからだ。

「イエスの如き主を奉じ、これに身を托して、意気常に揚がらず喪家《そうか》の狗《いぬ》然たるは理《ことわり》においてあるまじきことと言わねばならぬ」（本書240頁）。「喪家の狗」。葬式をしている家では、餌をもらえぬ犬までシュンとしている。植村は説教の最後で、喜びを失っているわたしたちの姿をユーモアをもって見つめ直させる。それは「理においてあるまじき」こと、理屈に合わず、本来ありえない姿だというのだ。なぜなら、降誕の日にお迎えした主イエスは王者なのだから。

そのとおりだ。わたしたちは降誕の祭りをどれほど小さなものに変えてしまうことだろう。だからこそ、最後の言葉が、豊かなイメージとしていつまでも心に焼きつけられる。

「イエスは大いなる富と力と自由とを持ち、手を拡げて待っておられる。ここを善く合点するが新年を迎うるに一番善い準備である」。

# 自由の翼をのべて

羽仁もと子

　行き詰まった世界を、果しない天が掩《おお》っている。凍る大地を、かえって親しげに日光が見舞ってくれる。新しい年が贈られて来る。行き詰まっているものは、天を仰いで慰めを得よう。凍る大地のみを眺めずに、暖かい日を見よう。人も問題も悉《ことごと》くきのうのままでも、地球の廻転によって持ち来らせられる新しい年には、そうあらしめ給うものの御思《みおも》いがある。

　きのうのままである事実を以て、われわれの持つ事実の全部だときめているのは、地を見て天を見ないのです。すべての粉飾《ふんしょく》をすてて赤裸々な冬の大地のような気持になって、天の光を慕いましょう。きのうのままの自分が、地球の新しい廻転と一緒に新たに歩ませていただきたいと、天父《ちち》を仰いで祈りましょう。さびしい枝に春が返り、冷たい土が暖められて、いろいろな芽を出すように、沈滞の中に死んでしまったような姿の中に、復活の力が脈々として動いているのは我々の生命です。きのうのままに見えているさまざまの事情も、祈って待つものには、たしかにそれが希望に向って動いています。

次のルカ伝一章のはじめを読んで見ましょう。クリスマスの前に成った、バプテスマのヨハネの誕生についてのおとずれです。

我らの中に成りし事の物語につき、始《はじめ》よりの目撃者にして、御言《みことば》の役者《えきしゃ》となりたる人々の、我らに伝えし、其のままを、書き列《つら》ねんと、手を著けし者あまたある故に、我も凡ての事を最初より詳細《つまびらか》に推し尋ねたれば、テオピロ閣下よ、汝の教えられたる事の慥《たしか》なるを悟らせん為に、これが序《ついで》を正して、書贈るは善き事と思わるるなり。

ユダヤの王ヘロデの時、アビヤの組の祭司に、ザカリヤという人あり。その妻はアロンの裔《すえ》にて名をエリサベツという。二人ながら神の前に正しくして、主の誡命《いましめ》と定規《さだめ》とを、みな欠《かけ》なく行《おこな》えり。エリサベツ石女《うまずめ》なれば、彼らに子なし、また二人とも年邁《すす》みぬ。

さてザカリヤその組の順番《まわり》に当りて、神の前に祭司の務を行うとき、祭司の慣例《ならわし》にしたがいて、籤《くじ》をひき主の聖所に入りて、香を焼《た》くこととなりぬ。香を焼くとき民の群みな外にありて祈りいたり。時に主の使あらわれて、香壇の右に立ちたれば、ザカリヤ之を見て、心騒ぎ懼《おそれ》を生ず。御使いう『ザカリヤよ懼《おそ》るな、汝の願は聴かれたり。汝の妻エリサベツ男子《なんし》を生まん、汝その名をヨハネと名づくべし。なんじに喜悦《よろこび》と歓楽《たのしみ》とあらん、又おおくの人もその生《うま》るるを喜ぶべし。この子、主の前に大《おおい》ならん、また葡萄酒と濃き酒とを飲まず、母の胎を出ずるや聖霊にて満されん。また多くのイスラエルの子らを、主なる彼らの神に帰らしめ、且エリヤの霊と能力《ちから》とをもて、主の前に往かん。これ父の心を子に、戻《もと》れる者を義人の聡明《さとき》に帰らせて、整えたる民を主のために備えんとてなり』ザカリヤ御使にいう『何に拠《よ》りてか此の事のあるを知らん、我は老人《としより》にて、妻もまた年邁《すす》みたり』御使こたえて言う『われは神の御前に立つガブリエルなり、汝に語りてこの嘉《よ》き音信《おとずれ》を告げん為に遣《つかわ》さる。視よ、時いたらば、必ず成就すべき我が言を信ぜぬに因り、なんぢ物言えずなりて、此らの事の成る日までは語ること能《あた》わじ』民はザカリヤを俟《ま》ちいて、其の聖所の内に久しく留まるを怪しむ。遂に出で来りたれど語ること能わねば、彼らその聖所の内にて異象《いしょう》を見たることを悟る。ザカリヤは、ただ首にて示すのみ、なお唖《おうし(ママ)》なりき、斯《かく》て務の日満ちたれば、家に帰りぬ。

〔ルカ伝一・一―二三〕

キリスト教といいますけれど、それは教《おしえ》でなくて唯事実です。事実を以て神様から、私たちに話しかけられたことです。即ち御言《みことば》です。『我らの中に成りし事の物語につき、始よりの目撃者にして、御言の役者となりたる人々の……』とここにもそう書いてあります。

神様はいつでも事実を以て、人間に話しかけておいでになります。私たちの学問も芸術も、この天《あめ》地《つち》の中に神の現わして下さった万象に刺戟されて出来て来ました。即ち事実に教えられて出来て来ました。バプテスマのヨハネの誕生という事実がこの世の中に成就したのは次に成さるべきキリストの降誕のための必要な準備であるからでした。バプテスマのヨハネの誕生を見るために、またどんなに長い間、落ちのない準備がこの人の世になされつつあったことでしょう。そのようにこの天地《あめつち》は世の中は、神の愛の経綸によって活かされているのです。きのうときょうと決して同じでないのです。

森羅万象《しんらばんしょう》は人間に学問芸術を教えます。そうしてキリストは、神のハートの顕現《あらわれ》です。直接に神のハートを以て人間《われわれ》の胸に心に刺戟を与えているものは唯キリストです。人間《われわれ》が神のハートに感ずるのには悔改《くいあらた》めが必要です。利己心や高慢に満たされた心のままでは、神の思いに目をひらくことが出来ないからです。バプテスマのヨハネばかりではありません。人間《われわれ》にはすべてそれゆえに、反省する力悔改める心が与えられています。それがキリストに行く準備だからです。キリストを来らせる道だからです。しかしわれわれの悔改めはいつでも途中までで徹底しません。ヨハネの与えられることが、そうして必要になりました。

神の宮の奥深くで、心を澄まして香をたくザカリヤの前に、天の使が現われました。しかも大天使ガブリエルだといいました。そんなことがあるものかとすぐにかたずけてしまう人は、不断から天を見る気のない人です。人の仕事ばかり見て、神の仕事のあることを知ろうとしない人です。日の光が凍る大地を暖める、目に見えるものだけは分かっていても、同様に神の意志とこの天地と及び神と人とのより深い交渉の絶えずあることを、浅はかに独断的に否定して、賢いつもりでいる人です。突然とガブリエルがザカリヤの前へ飛び出したのではありません。ヤコブが曠野《あらの》で幻に見たという天の使の昇り降りする梯子《はしご》が、絶えず天の国と人の国との間にあるのだと思われます。唯私たちの耳がまだその羽音をきくことができないだけです。復活の朝、マリアが泣いて空《から》になった墓の中をうちまもっていました。『おんなよ』という二人の天の使を見た時も、ふり向いてそこに立ちたまうキリストを見た時も、マリアの目がはじめてその時すべてを見るべく開かれた様子がよく分ります。これらの事実から人間は、目に見える世界と見えざる世界の関《かかわ》りと交渉について、もっと明らかに知ることを熱心に望まなくてはなりません。

『ザカリヤよ懼《おそ》るな、汝の願は聴かれたり。汝の妻エリサベツ男子《なんし》を生まん、汝その名をヨハネと名づくべし……』といいました。それだのにザカリヤの答は不思議です。もうわれわれは年をとって、どうしてそんなことがあり得ましょうといいました。そうしてガブリエルのいうことを信じないほどでした。ザカリヤとエリサベツは、若い時こそ子供がほしいと、いつもいつも祈り求めていたのでしょうけれど、今はその望みを忘れ果てていました。年をとってから子供が生れる訳はないと思うからです。しかし神様の方には、彼等両人の熱心な願いとしてみ心にとまっているのでしょう。何といってよいのか、唯涙がこぼれます。神様は与えべし（ママ）一番よい時に、その人々に出来る限りのよいものを与えて下さるという事実に、また私たちがふれることが出来ました。

ザカリヤのお願いしていたよい子供というのは、恐らく自分に劣らない祭司になるか学者になるか、そうして世の中を安らかに過してゆく子であったのでしょう。けれどもヨハネの使命と価値は、この世の中の誰もが想像したこともないほどのものでした。ガブリエルはそのことをはっきりとザカリヤに知らせました。

ザカリヤの胸は喜びと光栄に満ちあふるべき筈です。しかし彼は前にもいったように、信じかねていました。魂の底から感謝してそれを受ける代りに『何に拠《よ》りてか此の事のあるを知らん……』といいました。年の進んでしまったものにそういう訳はないという所に拘泥《こうでい》して、より大いなるものの言を信じ得ないのです。するとガブリエルはお前は口が利けなくなるといいました。罰があたったのだという言葉の中には、神様から復讐されたのだというような気持があります。復讐ではありません。み心を感じ得ないものに、必ず暗い反応の出て来るのは、光線が写真の乾板《かんぱん》にものの象《かたち》を焼きつけるのと同じことです。心をこめて贈ったものが相手に分かり得なかった、大能者の軽い失望の心の影でもあったのでしょう。マルコ伝十一章にある次の数節を思い出します。

あくる日かれらベタニヤより出で来りし時、イエス飢《う》え給う。遥《はる》かに葉ある無花果《いちじく》の樹を見て、果《み》をや得んとそのもとに到り給いしに、葉のほかに何をも見出し給わず、是は無花果の時ならぬによる。イエスその樹に対《むか》いて言いたまう『今より後いつまでも、人なんじの果を食わざれ』弟子たちこれを聞けり。

彼ら朝早く路《みち》をすぎしに、無花果の樹の根より枯れたるを見る。

〔一一・一二―一四、二〇〕

という所です。愛を基調とする、否、それよりも徹頭徹尾愛である所の神の詛《のろ》いは、我利我利《がりがり》の人間《われわれ》の詛いとはちがいます。神は徹頭徹尾愛であるばかりでなく、彼は生命《いのち》なり復活《よみがえり》なりです。それだから絶対に自由です。絶対にありのままに何でもなさることが出来ます。

この無花果のことを読んで、俗的信仰の中でいわれる所謂《いわゆる》神罰というようなことを感ずるのは、無力な冷めたい人間の心です。み心がだんだんに少しずつでも分からせていただけるようになって、始めてそれが分かって来ます。私は神罰などというものはないといっているのではありません。遂に救われないもののあることは、聖書にはっきりと出ています。そうしてそれが神罰です。神賞神罰のはっきりしているのは神の国です。

無花果のことにもどりましょう。私たちは無花果のことを読んでザカリヤのことを考えて、この目に見ゆる天と地との交渉のように、神と人との交通のほんとに近いものであることを知りましょう。神と人との感情は絶えずふれ合って喜び合いまたもつれ合っていることが、キリストが目に見える形をとって、人間《わたしたち》と一緒に棲んでおいでになった時の、いろいろな事実で殊によく分かります。何と驚くべく奇《くす》しくつくられているこの人の世でありこの天地《あめつち》であるでしょう。

ザカリヤのそれとは違っても、天の使によって、本当に驚くべきよき音ずれが、私たちの心の耳にも目にも、たびたび伝わって来る筈なのに、私たちは勿論ザカリヤ以上に唯自分の思いに囚われて『自分たちの年がこんなに進んでいるのに、どうしてそんなことがありましょう』と神の言を打消したり踏みつけたりしていると思います。キリストが特に私たちの前に立って、その王国の入用のために実を求めておいでになることがあるでしょう。キリストから求められている、さし出すものはどこにあるかと本気になったら、そこによい実が現われて来るのです。たといどういう場合でそれがあろうとも。

『彼ら朝早く路をすぎしに、無花果の樹の根より枯れたるを見る』とさっき書いたその次に、

ペテロ思い出して、イエスに言う『ラビ見給え、詛《のろ》い給いし無花果の樹は枯れたり』イエス答えて言い給う『神を信ぜよ。誠に汝らに告ぐ、人もし此の山に「移りて海に入れ」と言うとも、その言うところ必ず成るべしと信じて、心に疑わずば、その如く成るべし。この故に汝らに告ぐ、凡て祈りて願う事は、すでに得たりと信ぜよ、然らば得べし。また立ちて祈るとき、人を怨《うら》むることあらば免《ゆる》せ、これは天に在《いま》す汝らの父の、汝らの過失《あやまち》を免し給わん為なり』

〔ルカ伝一一・二一―二六〕

といわれました。そうしてキリストはその通りでした。

疑わずに祈ろう祈ろうと思っても、本当にこのことは出来るかしら出来ないかしらと、あとからあとから疑いが起って来ます。疑うまい疑うまいと思っても駄目です。神を信じていないからです。

だから私たちの祈りは、第一に、

『どうか神様、私の魂にほんとうにあなたを見出させて下さいませ。あなたを信じさせて下さいませ。多くの友に、この国に、この世界に、あなたを信じさせて下さいませ』

そういう祈りからはじめなくてはなりません。そうしてめいめいの智恵と力で考えつく限り出来る限りの方法を尽くして神を知ろうとしなくてはなりません。時々祈ることがあるだけでは駄目です。人のつとめは唯神を知り神に従うことです。その外に何にもありません。但しある人々はこれと同じことをいって、唯神に従うのみとは、唯キリストを宣《の》べ伝える外何もしないことだと考えているように見えることもあります。キリストは宣べ伝えるだけでは足りません。キリスト教なら宣べ伝えるだけで足りるかも知れませんが、はじめに書いたように、神の国のことは何でも事実を通して来ます。また立ちて祈るとき人を怨《うら》むることあらば免《ゆる》せというのは、唯お祈りの時だけそのことを忘れていればよいのでしょうか。相互に怨み合わなくてはならない世の中を放って置いてはならないのです。神に従おうとするものは、神に背《そむ》くあらゆる事実に向って、勇敢に働きかけることが、徹頭徹尾その仕事でなくてはなりません。そうしてそれがまた神を信ずるものの不断の祈りです。

神を信ずるものは、その清らかさを保つためにじっとしていなければならないという考え方の反対は、よい目的のためには手段を選ばないという考え方です。それが国のためになるならば何でもするということです。ギャングでもよい、暗殺もするということです。

熊本県の山の中に、千年も経った杉の木がある。三好博士が最近それを発見して嘆称しておいでになることが、一寸新聞に出ていました。その樹相が美しい、その風格が神々《こうごう》しいまでゆたかである。杉は恐らくあのすぐれた樹相のために、早くから木樵《きこり》の斧にもかからずに来たのであろうというようなことでした。

虫に食われたり、枝をたたかれたりしたのでは、不具な姿になります。年古るまでそうして存在していることも出来ないでしょう。すべてのものの成長には、清らかさということが、どうしてもなくてならない要素です。各《おのおの》の個人が永遠の生命を追い求めるならば、嘘をついたり脅《おど》かしたり殺したりしてはなりません。盗む勿れ殺す勿れ姦淫する勿れです。そうして一つの国としても社会としても、それはまた同じことです。強くなるためには大きくなるためには、殺されないでそうして殺さなくてはならない、殺さなければ殺されると現在の国々は皆思っています。あの千年杉のようにして、はじめて清く大きくなれるのではないかといったりするのは、「此の山に移りて海に入れ」というのと同じことのようです。そうしてそれを信じ得るものを、或国が、神の要したまう数だけ持っていれば出来ることとです。

新年から米川さんにお願いして、ドストエフスキーの小説「白痴」の抄訳を載せることにしました。主人公のムイシキン公爵は、あの杉に似ています。永遠の生命のみちを歩んでいる恵まれた人です。彼は実にやさしい奥深い鋭感さを持って人を愛し人に親しみ、どんな人の苦痛に対しても本能的ともいえるような直観力を持っていながら、人の思惑《おもわく》だの世間の口の端だのということをひとりでに気にしません。彼の無防備は容易に人の軽蔑をうけるように見えるのに、誰も彼を侮辱することも脅迫することも余儀なくすることも出来ません。そしてかえって何のたくみもない彼のために、皆引きつけられて行きます。

その対照であるラゴージンは、極めて人間的な執拗《しつよう》な情慾のかたまりのような男です。しかし彼はまた争うことの出来ない正直さと明白さを持った男です。高く秀《ひい》でた彼の額《ひたい》にもそのことが現われています。

小説「白痴」のはじめの書き出しが、西の国境から出た国際列車の中に、このムイシキン公爵とラゴージンは、何にも知らずに偶然向き合って腰かけている。その隣にいるいま一人の人物は、レーベヂェフという、やはりそれまで何の縁故もなかった小役人のような男でした。

レーベヂェフは妙な特色を持った、しかし俗人の標本のような男です。読んでいても反吐《へど》が出そうだという所ですが、所がドストエフスキーによって描かれる人物は、どんな俗人でもつむじ曲りでも、その底にひそんでいる、人間そのもののしおらしさが見えてくるので、自然に気の毒になって来ます。表面は実に立派な内部《うち》は利害の打算と好色そのものであるトーツキーだの、それに弄ばれて恐しく反抗的に棄鉢になっているナスターシャだの、この人寰《じんかん》には実にいろいろな人々が、さまざまのかかわりに於て生活しているのが、どんなに神のあわれみに値するものでしょう。少なくとも今年中かそれ以上、皆様とドストエフスキーの思いを読むのは、この人の国のよい勉強になりましょう。

人の国を深く見て、神の国をつくりましょう。否《いえ》神の国は神のみ心を追い求めることが先きです。神の葡萄園の働き人になりたい人はまず何にも囚われない自由人でなくてはなりません。自己批判などに囚われているのも駄目です。

足なえにもキリストは起《た》って歩めとおいいになりました。信ずるものは起ち上がることが出来ます。神の世界はあわれみの世界です。大きな罪のある人も小さな罪を持っているものも、心からの罪の赦《ゆる》しを希《こいねが》い、赦されて立ち上り、この山に移りて海に入れというような仕事をしましょう。

私たちは新しい自由の翼をのべて、信仰の中で楽しく働きましょう。この一年の間に、いろいろな献《ささ》げものをさせて下さるでしょう。

（一九三四年一月）

（『日本の説教　6　羽仁もと子』日本キリスト教団出版局、二〇〇四年所収）

**羽仁もと子**（はに・もとこ、一八七三―一九五七）

青森県八戸に生まれる。一八八九年、上京して府立第一高女に編入学。九〇年には築地明石町の教会で受洗。明治女学校で学び、教師としての働きを経て、報知新聞社に入社。女性新聞記者第一号となる。一九〇一年、同僚の羽仁吉一と結婚。「よき社会」の実現は「よき家庭」の建設にあると考える二人は、一九〇三年に『家庭之友』、一九〇八年に『婦人之友』を創刊。二一年には、生活の中で知識、技能、信仰を身につけていくことを目指す自由学園を開校。「思想しつつ、生活しつつ、祈りつつ」をモットーとし、学校と家庭と社会とが切り離されることなく人間の成長の場となることを願った。

## 生活によって《確かめられた》信仰の言葉

本書収録の他の説教者たちとは異なり、彼女は信徒である。その本領は、ジャーナリズムと教育現場で発揮された。隅谷三喜男は『日本の信徒の「神学」』（日本キリスト教団出版局、二〇〇四年）において、日本社会のただなかで生活している信徒こそ、神の言葉を聴き、《神学》を営む必要があると語っているが、羽仁こそ、その人だった。

しかも、羽仁の《神学》の場は、書斎ではなく、また教会でもなく、あくまで日々の生活の場だった。「朝起きて聖書を読み、昼は疲れるまで働き、夜は祈りて眠る」。それが、彼女の生活モットーであった。羽仁の説教には「神学書や聖書注解書などを読んだ形跡はない」（深田未来夫による『日本の説教６　羽仁もと子』の解説）。日々、聖書を読み、そして、自分の生活で確かめられ、実感されたことがそのまま説教となっていった。深田は先の解説でこう評する。「もと子が持っていた特色を長女説子は、『偉大な素人』と表現し、もと子は『常に、素人である新鮮な自由さを持ちたいと願っていた』と記している。伝統的な説教理解や説教者像の視点に立てばもと子の『語り』は素人のものである。その素人さこそが彼女が聖書に根ざして生活の課題を語るときに、その言葉を力あるものとしたのである」。

《lived faith》という英語の表現がある。生活に裏打ちされた信仰、生活に脈打つ信仰、とでも訳したらよいのだろうか。ここに収録した独特な説教は、まさしく羽仁もと子の《lived faith》が言い表されている。

思いあふれるままに、自由に言葉を紡いだ説教だ。ザカリヤの物語が冒頭で朗読される。説教の序盤はテキストに集中している。しかし、だんだん様々な話が飛び込んでくる。説教全体で何ごとかを指し示すことよりも、羽仁自身の信仰観が自由に語られていく。そして、いつの間にかザカリヤの姿はどこかに消えてしまう。

しかし、読んでいて飽きさせない。繰り返し読みたくなる。その理由は、たとえば、繰り返される断言である。「心を澄まして香をたくザカリヤの前に、天の使が現われました。……そんなことがあるものかとすぐにかたずけてしまう人は、不断から天を見る気のない人です。……神の仕事のあることを知ろうとしない人です。……浅はかに独断的に否定して、賢いつもりでいる人です」（本書247―248頁）。「そういう祈りからはじめなくてはなりません。そうしてめいめいの智恵と力で考えつく限り出来る限りの方法を尽くして神を知ろうとしなくてはなりません。時々祈ることがあるだけでは駄目です。人のつとめは唯神を知り神に従うことです。その外に何にもありません」（本書252頁）。生活の中で確かめられた信仰であるからこそ、背筋を伸ばして断言するのだ。

もうひとつの理由は、とりわけ秀でた文学的表現である。冒頭の言葉、そして、末尾の言葉。なんてすてきな言葉であろう。八〇年も昔の言葉がいまでもいきいきと息づいている。

「行き詰まった世界を、果しない天が掩《おお》っている。凍る大地を、かえって親しげに日光が見舞ってくれる。新しい年が贈られて来る。行き詰まっているものは、天を仰いで慰めを得よう。凍る大地のみを眺めずに、暖かい日を見よう」（本書244頁）。「足なえにもキリストは起《た》って歩めとおいいになりました。信ずるものは起ち上がることが出来ます。……大きな罪のある人も小さな罪を持っているものも、心からの罪の赦しを希《こいねが》い、赦されて立ち上り、この山に移りて海に入れというような仕事をしましょう。私たちは新しい自由の翼をのべて、信仰の中で楽しく働きましょう。この一年の間に、いろいろな献げものをさせて下さるでしょう」（本書255頁）。

私たちも新しい年を迎えよう。自由の翼をのべて。

# あとがき――説教者、そしてすべての人たちのための《コンピレーションアルバム》

音楽の世界では、様々なアーティストの曲を、あるコンセプトのもとで集めたアルバムを《コンピレーションアルバム》と呼ぶそうです。この説教集をそのような思いで編集し、ライナーノートを書く気分で解説を付けていきました。

一七人の多様な説教者たち。それぞれが異なる時代、異なる状況、異なる場所、異なる聴き手を前にして、待降と降誕の出来事を語っています。何よりも違うのは、説教・説教者の個性です。一編一編が味わい深いだけではなく、各編同士が互いに響き合い、新しい和音を造り、クリスマスの出来事を新しく味わわせてくれるでしょう。本シリーズの第一巻、『日本の説教者たちの言葉　わが神、わが神　受難と復活の説教』（加藤常昭編、日本キリスト教団出版局）と合わせ読んでください。

ここに収録したのは、この世の生涯をすでに終えた人たちによる説教です。《待降節説教》・《降誕祭説教》・《降誕後説教》のセクションごとに、説教が行われた年順に配列しました。説教者が用意した原稿そのままの説教、聴き手が速記した説教、録音から起こされた説教、そして、書き言葉として、かなり手を加えられた説教と様々です。収録にあたっては、標準となる説教集を編むことよりもわたしの好みを優先させました。それでも、印刷部数の少ない機関紙や手刷りの説教集からも収録しており、特徴のあるものとなったと思います。

わたしが記した解説は、説教者の仲間を意識して書きました。説教について話をする機会があると、時々「あなたのお気に入りの説教者は誰ですか」と尋ねてみるのですが、次々に名前が挙がって話に花が咲くことはほとんどありません。それでも、憧れの画家のいない画学生、大好きな指揮者のいないヴァイオリニスト、共演したいベーシストのいないギタリストはまれでしょう。説教者の皆さまにも、この《アルバム》からお気に入りの説教者が見つかり、それを手がかりにしてさらに説教を読み進めていっていただけたら。そんな思いを持っています。また、説教者以外の方々であっても、このような解説にも興味を持っていただければとても幸せです。

待降と降誕の説教を集中して読みながら気になったことは、世界の救い、人類の救い、歴史のクライマックスとしての降誕というモティーフや、この世に対する戦いというモティーフが、現在わたしたちの周囲の説教から消えてしまっていないか、という疑念でした。ここに収録されている説教の多くと比べると、いまのわたしたちの説教は待降と降誕の出来事を私事化する傾向があるのでは、と思えたのです。その観察が正しいかどうかはわかりません。しかし、わたしたちには、一五〇年以上にわたる日本の説教に耳を傾け続け、現代においてもう一度発音し直す必要があります。こんなにすばらしい説教者たちを神がこの日本に与えてくださったのですから。

本書は、企画はもちろん、その後のあらゆることについて、日本キリスト教団出版局の土肥研一さんがいなければ刊行されることはありませんでした。ここにその名を記して、心から感謝を申し上げます。

待降と降誕のよろこびが、あなたのもとにも豊かにありますように。

平野克己

二〇一八年一一月

平野克己《ひらのかつき》

1962年生まれ。国際基督教大学卒業。東京神学大学大学院修士課程修了。日本基督教団阿佐ヶ谷教会、金沢長町教会を経て、現在、代田教会主任牧師。説教塾全国委員長。2003、2013年にデューク大学神学部で客員研究員として過ごす。

編著書：『説教を知るキーワード』『主の祈り　イエスと歩む旅』『祈りのともしび』（以上、日本キリスト教団出版局）、『いま、アメリカの説教学は』（キリスト新聞社）など。
訳書（共訳を含む）：S. ハワーワス＆ J. バニエ『シリーズ和解の神学　暴力の世界で柔和に生きる』、S. ハワーワス＆ W. H. ウィリモン『主の祈り』、W. H. ウィリモン『洗礼』『教会を必要としない人への福音』、絵本『ひとつのみやこ ふたりのきょうだい』（以上、日本キリスト教団出版局）、フレッド・B. クラドック『権威なき者のごとく』、R. リシャー『説教の神学』（以上、教文館）、バーバラ・ブラウン・テイラー『天の国の種』（キリスト新聞社）など。

日本の説教者たちの言葉

**輝く明けの明星**　待降と降誕の説教

2018年11月25日　初版発行



編　者　平野克己
発　行　日本キリスト教団出版局
169-0051
東京都新宿区西早稲田2丁目3の18
電話・営業：03 (3204) 0422
編集：03 (3204) 0424
http://bp-uccj.jp

印刷・製本　河北印刷

ISBN978-4-8184-1019-0 C0016　日キ販
Printed in Japan

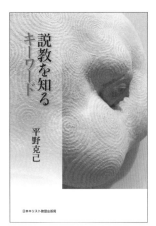

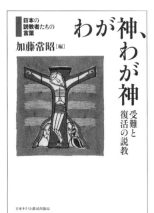